从天使投资到IPO

冉庆军◎著

U0898890

中国商业出版社

图书在版编目（CIP）数据

从天使投资到IPO / 冉庆军著. -- 北京 : 中国商业出版社, 2023.2
ISBN 978-7-5208-2412-5

Ⅰ. ①从… Ⅱ. ①冉… Ⅲ. ①企业融资 Ⅳ. ①F275.1

中国版本图书馆CIP数据核字(2022)第245539号

责任编辑：杨善红
（策划编辑：佟 彤）

中国商业出版社出版发行
（www.zgsycb.com 100053 北京广安门内报国寺 1 号）
总编室：010-63180647 编辑室：010-83118925
发行部：010-83120835/8286
新华书店经销
香河县宏润印刷有限公司印刷
*
710 毫米 ×1000 毫米 16 开 16 印张 200 千字
2023 年 2 月第 1 版 2023 年 2 月第 1 次印刷
定价：68.00 元
* * * *
（如有印装质量问题可更换）

前言

世界上很少有不缺钱的企业

现金流是企业的命脉。现金流充沛，说明企业“血氧”充足；现金流紧张，意味着企业生存告急！

毋庸置疑，所有的企业都想做现金流充沛的那一个，所有的企业经营者都不希望自己的企业缺钱。但这个世界上真正不缺钱的企业屈指可数，数来数去也就是那些已经做大的“独角兽”和“巨无霸”，但达不到这个经营级别的企业或多或少都会为钱所困。尽管如此，那些已经做大的企业也并不意味着就会永远不差钱，稍不留神就可能会陷入困境甚至破产的境地，进而被其他企业后来居上，这种例子可谓数不胜数。

要明白，企业只要经营，就离不开金钱，这是企业经营的根本。

可见，企业的生存与发展时刻离不开“钱”的供给，那么，企业的钱从哪里来呢？通常的理解是，经营企业所需要的“钱”是企业自己创造的。这并没有错。创立企业就是希望企业可以创造出更多的经济价值，在实现自给自足的同时，也实现自身的发展壮大。但企业在实现自身造血之前，还是需要靠外界输血的。

外界输血就是利用外界资本对企业进行投资。掌握资本的一方需要“货比三家”才能下注，需要资本的一方则要使出浑身解数赢得资本的青睐。所以，投资是主动的，融资是被动的，但被动的一方却要在必要时主动出击，引入资本。

主动出击不等于一定成功。融资的过程是复杂且艰难的，充满了荆棘、曲折和未知数。尤其是初创企业，因为经营规模小、竞争力低下、渠道资源匮乏等，最易遭遇融资失败。换句话说，资本虽然喜欢冒险，但不喜欢自杀，资本看中的是那些有机会能让自身价值指数级倍增的企业。要想将企业的未来价值呈现给资本，需要高超的融资技巧和经验，但这对于初登融资舞台的创业者来说，有些困难。

必须承认，缺乏融资经验是很多企业经营者都面临的问题，使得他们在融资过程中可能遇到各种各样的阻碍，如缺乏融资前的相应准备、不会撰写商业计划书、不了解企业估值、不懂得谈判技巧、不知道哪种融资更适合企业当下的发展……如果不能跨越这些障碍，融资极大可能会失败。但企业如果失去了外部资金的支持，仅靠自身造血则无法保证能够很好地生存下去，更难以形成规模化发展。因此，从企业生存和发展的角度考虑，企业经营者必须多做一些融资方面的功课，以此来提高融资的概率。

本书通过对各种融资方法的深度剖析，到融资过程的博弈，再到完成上市，连贯有序地介绍了融资所能涉及的各个方面，一步步帮助企业经营者懂得融资，并学会借助融资达到企业经营发展的目的。

本书内容全面，用简洁、专业的语言叙述了企业融资的全过程及注意事项，并辅以图片的形式对一些晦涩难懂的融资理论知识进行了通俗化的解读。此外，为让融资对企业的作用更加显象和直观化，本书还列举了一些极具代表性的融资案例来帮助读者了解和深度理解融资的意义。本书的阅读对象包括：关注或志在自主创业的朋友、中小微企业经营者与管理者、创业融资者、大中型企业的领导者、对经营管理和企业投融资感兴趣的其他人群、高校金融相关专业师生。希望阅读本书后，大家能从书中获得对自己及企业有益的帮助。

创业对人的各方面能力都要求极高，因此，人不但要有不畏挑战、排除万难的精神，更要有观大局而动、随大势而行的智慧。

最后，愿所有想创业或正在创业的朋友，在看了本书后，都能达成所愿！

目录

筹备篇

第一章　融资前的战略准备 / 2
融资三问 / 2
从 0 到 1 的资本战略 / 5

第二章　融资前的创始人准备 / 14
心理准备 / 14
实操准备 / 19

第三章　融资前的企业准备 / 22
法律筹划 / 22
财务审计 / 24
股权结构 / 32
有效估值 / 37

第四章　商业计划书的内容构成 / 43

核心内容介绍 / 43

投资方关注事宜 / 52

融资篇

第五章　天使投资 / 58

商业天使，一个完美的资本来源 / 58

值得接近的“天使” / 60

与“天使”建立联系 / 64

路演与制作 PPT / 66

第六章　股权众筹 / 71

是否适合股权众筹 / 71

三种操作模式 / 73

项目计划书的四个明确 / 75

五个主要步骤 / 78

六个常见问题 / 82

第七章　风险融资（VC）/ 86

VC 融资概述 / 86

VC 如何选择目标 / 90

商业计划书的“5H” / 92

向 VC 融资的流程 / 94

VC 融资注意事项 / 99

第八章　股权融资 / 102

股权融资的主要方式 / 102

商业计划书的五个关键点 / 105

通用股权融资流程 / 108

规避的陷阱 / 112

第九章　私募股权融资（PE）/ 115

PE 融资的优势 / 115

寻找合适的 PE 合作 / 116

进行 PE 融资的步骤 / 120

第十章　新三板融资 / 124

新三板的特征 / 124

新三板交易机制 / 127

新三板挂牌企业的融资途径 / 129

博弈篇

第十一章　各融资阶段谈判汇总 / 132

谈判前的准备工作 / 132

在谈判中占据主动 / 135

应对拟投资方的提问 / 139

谈判过程的几个关注点 / 141
影响谈判成功的重要交易设计 / 143

第十二章　合同条款清单详解 / 145
经营类条款 / 145
控制类条款 / 148
交易类条款 / 153
其他条款 / 155

第十三章　融资过程中的股权稀释 / 158
融资不等于股权转让 / 158
如何在融资中做到股权不被稀释 / 161
如何在股权稀释后掌握企业控制权 / 164

第十四章　融资过程中的债权设计 / 169
债权设计的要害 / 169
债权融资类型 / 171

第十五章　融资过程中的企业并购 / 178
并购重组类别 / 178
项目评估定价 / 181
并购流程 / 184
付款方式 / 186
并购执行 / 188

上市篇

第十六章　上市前的机构安排及制度设计 / 192

机构安排 / 192

企业改制 / 193

第十七章　境内上市 / 197

上市条件和板块选择 / 197

上市改造 / 198

上市的财务区别 / 200

注册交易机制 / 201

IPO 被否原因 / 204

第十八章　境内上市流程 / 207

前期准备 / 207

设立股份公司 / 210

上市辅导 / 212

申报与核准 / 217

发行与上市 / 220

第十九章　境外上市 / 224

上市条件和所需文件 / 224

备案及上市流程 / 226

第二十章　境外上市形式 / 230

直接境外上市 / 230

间接境外上市 / 237

筹备篇

第一章　融资前的战略准备

↘ 融资三问

融资（financing）分为狭义和广义两种释义。狭义的融资是企业资金筹集的行为与过程；广义的融资是当事人通过各种方式到金融市场上筹措或贷放资金的行为，这种货币资金的融通也称作“金融”。

无论是狭义还是广义，融资都是一种货币（交易）手段，或为支付超过现金的购货款而采取的货币交易手段，或为取得资产而集资所采取的货币手段。

本书所阐述的融资是狭义概念，是企业根据自身实际的生产经营状况、资金拥有状况和未来发展需要，通过科学的预测和决策，采用一定的合法合规的方式，从一定的渠道向企业的投资者和债权人去筹集资金，并组织所筹得资金的供应，以保证企业的正常生产需要和经营管理需要的综合性理财行为。

为何融资

企业筹集资金的目的有三大类：扩张动机、还债动机以及混合动机（扩张与还债兼具）。鉴于动机的不同，融资的具体需求也不相同：

（1）资金需求：处于成长阶段的企业都有非常强烈的资金需求，或因为企业发展需要资金，或因为现有资金链紧张需要资金。

（2）资源整合需求：对企业所涉及的所有资源的综合利用，如产业链整合、技术、媒体、人才、市场、下一轮融资渠道等。

（3）提升信用需求：若企业能获得知名创投机构或国资背景机构的投资，将更容易提高知名度，从而打开市场、降低获客成本，以便于下一轮融资。

（4）提升估值需求：企业在发展过程中，通过有步骤的融资计划，如种子轮/天使轮、A轮、B轮、C轮、Pre-IPO（IPO即Initial Public Offerings，意思为首次公开募股，在本书指上市）等，能逐步提升企业估值与市场影响力。

（5）获取经验需求：获得资本平台对企业治理、商业模式、产品研发、技术迭代、推广营销等方面的指导与经验，在这些方面的长远价值可能远超其融资金额。

何时融资

“在你不需要钱的时候去融资，就是融资的最佳时间。”

这是某位知名投资人对企业经营者的忠告。作为投资人，在其漫长的投资生涯中，看到了太多因融资时机不对而导致融资失败，或者是融资成功但未能挽救企业的案例。这位投资人在投资领域也积累了丰富的经验，其中一条就是：不懂得在阳光灿烂之时修理屋顶的企业经营者，他们的企业多数是不值得投资的。

在阳光灿烂的时候修理好屋顶，房屋才不至于在恶劣天气被摧毁。将未雨绸缪的道理放在其他领域，总是很容易被理解，但放在融资领域，却总是被忽略。

究竟要在何时融资，每个企业因具体情况各异而无法准确划定时间节点，但有两点原则必须遵守：

（1）未雨绸缪原则：不要等到企业现金流紧缺或条件不好时才想到融资。这是因为一方面投资方在该阶段进行尽职调查后，会很难愿意投入经营状况不佳的企业；另一方面即便获得了投资，对于企业而言此时能起到多大的作用也是未知。所以，对于企业发展有清晰理解的经营者，通常会选在企业经营状况向好的时候融资，可以更容易吸引投资方的注意力，也更容易提升投资方的投资信心。

（2）综合判断原则：企业处在不同阶段，其融资目的、融资需求、融资金额都是不同的，因此企业制订的融资方案必须结合其所处行业、经营状况、发展方向、融资预期等综合因素，判断出融资时点。

向谁融资

不同的投资者有不同的投资偏好，企业在选择投资方时，既要充分考虑投资方的投资偏好，也要结合企业实际情况。在投融资的具体实践中，对资方进行分类更利于企业快速找到契合的合作对象，在融资谈判中也更易掌握切入点。一般来说，分类方法有以下两种：

1. 根据投资方的身份分类

（1）个人投资者：通常是企业创始人亲友圈的人或者天使投资人，具有投资决策效率较高和情感驱动占比较大的特点，常见于种子轮和天使轮。

（2）机构投资者：通常是专业的投资公司或者相关公司的投资部门，通过全阶段、全产业链投资，用以实现集团或母公司的商业战略部署，常见于A轮、B轮。

2. 根据投资目的分类

（1）财务投资者：通常是较专业的VC / PE基金，关注行业与资本市场周期，着眼于中短期投资收益，以获利为目的，并在适当时机会套现退出。

（2）战略投资者：通常是境内外的知名企业或者集团公司，关注企业的发展前景，着眼于长期利益，通过整合资源增强企业核心竞争力、开拓市场占有率，谋求可持续的长期发展和回报。

↘ 从0到1的资本战略

资本积累是从无到有的过程，是从企业创立时拥有的第一笔资本开始，逐步扩增升值的过程。从 0 到 1 的资本战略，就是从找第一笔钱开始，到为企业源源不断注入资金活力的战略。

从 0 开始寻找投资

所有创业者都了解一件事，即“找钱是不容易的”。为企业寻找资金从来都是件困难的事，毕竟谁的钱都不会轻易投出去，所以投资者一旦决定投资，虽然无法保证必有回报，但也一定会有让投资“投得其所”的动机在，因此，在他们开始投资前一定会要了解被投企业的经营情况和获利能力，所谓“不见兔子不撒鹰”就是这个道理。

每一次融资都是从 0 开始，寻找投资者通常离不开以下几个渠道：

1. 扩大人脉圈

扩增好口碑和人脉不是所有时候都管用，但有些时候就是很管用。创业者应充分利用各种人际交往机会，尽可能多地结交各界朋友。人脉圈子越大，圈进投资者的机会就越大。当然，人脉圈子如果仅限于认识阶段是无法给经营带来直接好处的，但有了联系的机会，才有后续持续沟通的机会。正所谓“酒香也怕巷子深”，先结识关系，后深入了解，这是常规的人际交往方式。

创业者应该将自己定位为企业家，要有高瞻远瞩的眼光和不拘一格的心胸。在与人相交时不能“看人下菜碟”，片面主观地断定某个人有多大价值、是否具有价值。价值具有不恒定性和不确定性，高价值和低价值间的切换有时就在不经意间。因此，不要盲目认可某人，也不要盲目否定某人，更不要根据当下的状况划定为三六九等，殊不知你心里今天的“九等人”可能就是将来的“三等人”，你心里的“三等人”也未必货真价实。

多个朋友多条路，多个冤家多堵墙。在人际关系方面尽可能避免树敌，管住嘴巴很重要。守住底线，放下骄傲；留下尊严，丢掉面子。以宽容豁达的态度处事，用积极进取的心态为人。

2. 通过媒体连接投资者

很多投资者会在媒体平台公开寻找投资项目，作为企业经营者，无论当下现金流是否出现困难，都应长期关注此类融资信息。在不缺钱的时候寻找投资者，至少也应在此时让投资者知道有“这样一家经营不错的企业”，或许就会吸引到一些投资者的目光。投资者都喜欢把钱投在经营良好、未来看涨的企业，若企业此时经营状态勃发，理应趁此机会引入资金，扩大规模，提升企业竞争力。

通过媒体还可以将企业介绍出去。企业主动在媒体上刊登广告，不仅能介绍企业的经营情况和未来方向，还能发布一些融资信息吸引投资者注意。即便暂时没有吸引到实质的投融资行为，这样的发布也等于给企业做了次广告，在投资者心中留下了印象，到了必须融资的时候，会更容易找到投资者。

3. 通过正规中介接洽投资者

中介往往都掌握着本行业最全、最一线的信息。比如房产中介就掌握着其周边大部分要出售、出租的房源，希望买房、租房的人可以通过中介寻找合适的房源，在付出一定经济代价后会极大地节约时间成本和人力成本。投融资中介也是如此，他们掌握着大量的投融资信息。通过规范、合法的中介寻找投资者是一种不错的选择。中介不仅可以为企业引荐合适的投资者，还可以通过长期积累的专业知识给企业一些合适的建议，帮助企业提高项目被投资者看中的概率。

融资模式汇总

企业投融资经过长期发展，到如今已经形成了几十种较为常见的形式。在此我们不能一一介绍，只将其中的重点列出，企业可以根据实际情况并结合专业的融资建议进行选择。

（1）内部管理融资：主要是企业留存的税后利润，具有成本较低、风险最小、使用灵活自主、有效控制财务风险的优势。在内部融资不足时，再进行外部融资。

（2）企业授信融资：银行对一些经营状况良好、信用可靠的企业，授予一定时期内一定金额的信贷额度。企业在有效期内与额度范围内，根据营运情况分期用款，随借随还，方便灵活，节约了融资成本。

（3）企业债券融资：属于直接融资，企业通过发放债券吸收资金，借贷双方存在直接的对应关系。

（4）可转换债券融资：属于混合型证券，债券可根据一定的条件转换成公司股票，在转换成股票后，即变成企业的资本金，企业无须偿还。是否转换为公司普通股，由可转换债券持有人自行决定。

（5）产权交易融资：企业的资产以商品的形式作价交易的一种融资方法。投资者以产权为交易对象，以获取收益为目标的特殊买卖活动。

（6）上市融资：将企业的全部资本等额划分为股票的形式，经批准后上市流通，公开发行，投资者可直接购买。

（7）买壳上市融资：企业因为拥有的资产暂时未完全达到上市规则要

求，可通过收购一家已上市企业达到上市的目的。

（8）增资扩股融资：指企业通过社会募集股份、发行股票、新股东投资入股或原股东增加投资等方式扩大股本来获得所需资金。

（9）杠杆收购融资：某一企业拟收购其他企业进行结构调整和资产重组时，以被收购企业的资产和将来的收益能力做抵押，从银行筹集部分资金用于收购。

（10）信托融资：信托公司作为受托人向社会投资者发行信托计划产品，为需要资金的企业募集资金，信托公司再以投资者的身份将募集到的资金投入需要资金的企业。企业将资金投入相应的项目，由产生的利润（现金流）支付投资者信托本金及红利（利息）。

（11）股权质押融资：企业股东将其持有的企业股权出质给银行或其他金融机构以获取贷款。

（12）股权融资：企业股东愿意让出部分企业所有权，通过企业增资的方式引进新的股东的融资方式。新老股东共同分享企业的赢利与增长。股权融资分为公募、私募、合资三种模式。

（13）风险投资融资：以投资换股权的方式，追求投资早日收回为目的，协助企业进行经营管理，参与重大决策活动。投资对象一般是高科技、高成长潜力的企业。

（14）资产证券化融资：企业将缺乏流动性、但具有可预期收入的资产，通过在资本市场上发行证券的方式予以出售，以获取融资。

（15）众筹模式融资：由有创造能力但缺乏资金的人发起，对融资者的项目和回报感兴趣并有能力的人跟投，由连接发起人和支持者的互联网终端作为平台。

（16）应收账款融资：企业以自己的应收账款转让给银行并申请贷款，银行的贷款额一般为应收账款面值的 50% ~ 90%，企业将应收账款转让给银行后，向买方发出转让通知，并要求其付款至融资银行。

（17）个人委托贷款：由个人委托提供资金，由商业银行根据委托人确定的贷款对象、用途、金额、期限、利率等，代为发放、监督、使用并协助收回的一种贷款。

（18）民间借款融资：自然人、法人、其他组织之间及其相互之间进行资金融通的行为。

（19）典当融资：以实物为抵押，以实物所有权转移的形式取得临时性贷款。典当贷款成本高、规模小、起点低、手续简便，对客户的信用要求几乎为零。

此外还有商业票据融资、商业贴现融资、投资银行融资、项目包装融资、融资租赁、债券融资、可交换公司债券融资、保险融资、农业定向融资、补偿贸易融资、预收货款融资、存货质押融资、不动产/动产抵押融资、知识产权质押融资、品牌融资、企业间借贷融资、场外交易市场融资、PFI（Private Finance Initiative 民间主动）融资、TOT（Transfer-Operate-Transfer 移交－经营－移交）融资、PPP（Public Private Partnership 政府和社会资本合作）融资、金融租赁、经营权担保贷款、预期收益质押贷款、买方贷款、信用担保贷款、有价证券抵押贷款、经营性物业抵押贷款、项目开发贷款、出口创汇贷款、异地联合协作贷款、自然人担保贷款。

企业成长阶段与融资战略

企业从成立到上市的整个流程可以分为五个阶段：创业阶段、初成阶段、高速发展阶段、深植扩张阶段和上市后阶段。

由于企业在各阶段所面临的经营状况不同，其所需融资战略也是不同的。

创业阶段和初成阶段最为危险，时刻面临着被商业竞争大潮吞没的危机，急需注入资金稳定企业经营。在此阶段获得种子轮和天使轮融资是异常重要且宝贵的，做好众筹融资也同样关键。

种子轮资金通常是最难获得的，也是数额最少的。因为此时创业者的创业项目往往还停留在“纸上谈兵”阶段，没有开始实行，想让投资者看到创业项目的价值非常困难。现实情况中，种子轮资金多为创业者或创业团队的自筹资金，所以种子轮融资不在本书的讨论范围。

天使轮资金同样难以获得。创业者此时已经有了团队和基本目标项目，但因为项目刚刚上线，缺乏有说服力的数据。为了获得天使轮资金，创业者必须做好市场调研，用极具创意并且充分的理由说服投资者。在获得天使轮资金后，不仅要尽快做出产品，摸索出基本商业模式，还要完善团队管理。

众筹是一种“众人拾柴火焰高”的筹款模式。在进行众筹融资时，创业者要为自己的项目设定合理的筹资金额和筹资天数。若在设定天数内的筹资能够达到或者超过目标金额，则众筹成功，创业者获得资金；否则众筹失败，资金将全部退还投资者。此外，众筹时还应注意采用合适的项目展示方式。数据显示，有视频展示的众筹项目比没有视频展示的众筹项目可多筹得 114% 的资金。对于投资者关心的投资回报，需尽可能做到价值最大化，可结合企业实际情况，为投资者设置几种不同的回报形式，供其选择。

在高速发展阶段，虽然企业资产的造血能力增强，但对资金的需求量也激增，有些企业在这个阶段看似欣欣向荣，但其实还没有实现盈利，所以仍处于不稳定的弱势阶段。因此，该阶段介入的资金被称为风险投资（Venture Capital，VC），也就是冒着风险进行大宗投资，以博取最大利益。

风险投资方通常为机构，投资金额多在千万元级到亿元级。风险投资方对所投企业的经营团队要求很高，但一般不参与企业管理。

企业经过高速发展后，得以实现规模化、集团化，在向大企业进发的路上度过了关键性阶段，但因为前期步伐过快，在一些领域没有夯实基础，所以需要边深植边扩张。因此，企业仍然需要资金助力，介入这个阶段企业融资的多为 PE（Private Equity,）投资，也就是私募股权投资。

PE 投资方基本都是公司，投资金额多在亿元级。前几种投资是处在企业的中早期，那时的投资估值相对来说更低，投资回报更高，但投资风险更大。PE 投的是中后期，企业估值相对来说更高，但投资方风险更低，通过大宗资金介入，仍然可以获得不菲的回报。

当有 PE 机构对企业进行投资，也标志着企业的成长阶段基本完成。根据需要，企业可以继续进行余下几轮的融资，继续进行扩张，也可以筹谋上市，实现稳定发展。

融资策略四象限

若想将融资过程中复杂多变的因素变得可控可预测，融资企业必须紧抓成本、机会、收益、风险四个关键因素（见图 1–1）。

图1–1　融资策略四象限

1. 融资成本

企业融资成本根据是否为当下可计算的财务支出，可分为显性成本和隐性成本。

（1）显性成本：又称“财务成本”，包括融资费用和资金使用费。企业在融资过程中产生的一切费用都可算作融资费用；企业因使用资金而向资金提供者支付的报酬就是资金使用费，包括发行股票融资向股东支付的股息、红利，通过债券和借款筹集资金所支付的利息，借用资产所支付的租金等。

（2）隐性成本：包括机会成本（将企业自有资金用于融资而放弃其他用途可能获得的收益）、破产成本（与破产相关的企业价值损失）和财务困境成本（法律、管理和咨询费用，以及因财务困境而受影响的企业经营能力）。

2. 融资机会

由有利于企业融资的一系列因素所构成的有利的融资环境和时机，就是企业的融资机会。企业在选择融资机会时，应对企业融资所涉及的各种影响因素做综合判断。

由于外部融资环境是不断变化的，因此企业的融资决策要有预见性，在充分了解国内外宏观经济形势、国家货币及财政政策、国内外政治环境等因素后，合理分析预测影响企业融资的各种有利和不利因素，找到最佳融资时机。

内部融资环境虽然也会对融资活动产生影响，但相对外部环境的影响来说还是比较有限的。因此，企业必须主动出击，积极寻求并及时把握融资的有利时机。

3. 融资收益

融资的目的是为企业带来发展的机会，而企业发展是为了获得收益。企业在分析融资机会时，必须考虑具体的融资方式所具有的特点，结合企业自身的实际情况，制定出符合企业当下及未来发展的融资策略。比如，经过对内外部融资环境和企业实际情况的分析，得出企业当前不适合发行债券融资，但适合进行银行贷款融资，那么企业的融资策略就应及时做出调整。

4. 融资风险

根据经济学“风险与收益对称”的基本原理，风险与收益存在正相关的关系。风险来源于信息在传统金融环境中广泛存在的不确定性，而不确定性与收益相互依存，风险的承担是获得收益的前提，收益就是承担不确定性的成本和报酬。

企业经营者可能面对的风险包括信用风险、市场风险、金融风险。

（1）信用风险是指融资项目有关参与方不能履行协定责任和义务而出现的风险。

（2）市场风险主要体现在价格风险、竞争风险和需求风险，三种风险相互影响，相互联系，相互作用。

（3）金融风险表现为项目融资过程中的利率风险和汇率风险，如利率上涨、汇率波动、通货膨胀、国际贸易政策改变等。

第二章　融资前的创始人准备

↘心理准备

融资在某种程度上也是一场心理战，投融资双方围绕方方面面展开短兵相接的争斗，如果融资者不能提前做好心理准备，就很可能被投资方的一顿组合拳击退，从而拿不到融资。本节就来讲一讲那些看似不怎么重要，却一定要认真准备的事项。

应对投资方的提问

融资的过程也是投融双方彼此相互了解、相互认可的过程，而了解和认可一定是相互且深刻的。在这个过程中，随着双方的了解在加深，彼此会发现融资方展示的点有时不能和投资方想了解的点完全契合，因此投资方会向融资方进行提问，比如，你做的东西和别人做的东西有什么不同？产品的核心功能若不能被市场接受，备选方案是什么？你为什么确信自己的产品一定会给用户创造出价值？如何确定你的目标用户群？请阐明你的市场策略及手段，市场营销成功的关键因素是什么？你的市场推广费预算好像太低了，这个数你们是怎么得出来的？市场培育和消费引导的时间有多长？你认为你们公司发展的瓶颈在哪里？创业人的创业动机是什么？你有没有人力资源扩充计划？你公司（或技术）的价值评估是多少，是用什么方法来计算的？

不再写了，投资方要问的问题可以说是包罗万象，只有融资者想不到的，没有投资者问不出的。值得注意的是，投资者这样的行为不是想难为人，更不是有八卦心理，只是想从更多的方面对融资企业及其创始人/团队进行了解。所谓知己知彼，才能百战百胜。

在一些融资实战现场，总能看到冷场或者是回答结结巴巴的情况，这明显是融资者没有做好准备。而这也分两种情况：要么是根本没有准备，就自我感觉成竹在胸；要么是没有做对准备，造成了南辕北辙的效果。

其实，应对投资方的提问可以用像考试押题那样的思路来做准备，因为有些问题几乎是一定会被提问的。在应对提问的准备工作中，还可以提前了解投资人的提问风格，这样就能预测出可能会被问到的问题，就像在某综艺节目上，一位导师经常会问“请说出你的梦想”。

一般投资方喜欢围绕融资企业的团队信息、融资项目和市场信息三个方面提问。

很多融资者总是喜欢介绍自己的好创意，认为投资者一定会感兴趣。投资者确实对好创意感兴趣，但同时也对什么人来实现好创意感兴趣。因为一个项目会随着实施的深入而产生变化，未来究竟会走向什么方向并不能确定，而创业团队相比起来就更稳定一些，是具有可预见性的，所以多了解团队信息对于预判项目的未来是有很大帮助的。

一些融资者对自己的创业项目总是喜欢定性描述，而非定量表述，给人的感觉是很有激情、很有信心、很有力量，但对于如何实施的细节却说不清楚。通常来说，投资者更中意那些能在短时间内将项目细节讲清楚的创业者，因为可以从这些创业者那里看到成功的确切路径，增强对未来不确定性的抵抗力。

一些融资者喜欢按照调研公司提供的表格来说明市场，这是远远不够的。投资者在接触任何一个项目时，都会想知道创业者凭什么认定自己的产品具有市场认可度，所以这就要求想要融资的创业者一定要自己对市场有深入的了解和能够准确地表述，而不是简单地复制粘贴或者抄袭一些数据。只有做过相关的深入调查，才有发言权，其所做的表述也才有可信度，因此，关于产品价格定位、商业模式创新、新产品的市场开发等方面，都是融资者需要向投资者解释的问题。

应对投资方的怀疑

一个人只要决定做一件事情，不可避免地就会面临来自别人的质疑。被质疑是成功者前行路上时刻会遇到的问题，承受质疑，然后一个个打破质疑，这就是成功之路。

很多融资者在承受质疑这方面做得非常不好，用一句话来说就是听不得别人对自己不好的评价。他们总是感到委屈，觉得自己的创意这么好，投资方居然质疑；自己的企业已经有了不小的成就，投资方还怀疑自己的管理能力；自己是985名校毕业，投资方居然质疑自己的综合素养……

面对来自投资方的质疑，创业者一定要冷静地想一想：对方的质疑有什么错吗？投资者对自己的钱负责不是应该的吗？因此，融资者对于来自投资者的质疑，正确的做法是保持耐心，积极应对。而对于投资者质疑的具体问题，融资者有则改之，无则加勉。

应对企业内部的阻力

资金是企业创立与发展中必不可少的硬资源，资金的多少往往决定着企业的发展速度、发展高度和扩展宽度。所有融资者都是奔着资金来的，也都渴望获得资金的助益，但融资者背后一定都是支持的声音吗？有没有可能遭遇反对呢？

那些积极融资的创业者如果是个人独资企业或者其合伙人，也希望融资，企业内部就不会有任何阻力。但如果主要合伙人并不希望融资，或是具有一定规模的企业的管理层反对融资，企业创始人到外部找融资的压力就会非常大。一方面要说服企业其他核心人员赞成融资，另一方面还要在融资成功后继续说服其他股东让出股权。

实践证明，那些内部压力很大的企业若想融资成功，其实际控制人的决策权必须足够大，比如在投票权超过三分之二时，实际控制人可以单方面拍板。但即便如此，在融资过程中和融资成功后仍要面临说服其他股东出让股权的棘手问题。若是那位融资者的背后也是反对融资的声音，就要做好面对艰苦工作的心理准备。

应对放弃业务的可能

一些已经发展了一段时间的企业，可能业务范围会比较广泛，这一扫帚，那一耙子，哪类业务都能有点儿进账，但哪类业务都不足以成为核心业务。若是这样的企业去融资，投资方在了解情况之后先无论会不会投资，但都会劝企业要放弃一些业务，甚至直接砍到只剩下一项业务（往往为融资项）。

放弃一些业务，留下最擅长的业务，将其做精、做透，才有机会从激烈的市场竞争中杀出一条血路。如果将圆盘磨成针尖，一下就能刺破而出。同理，如果企业可以聚焦运营，投资方的钱也能更多地花在有用的地方。

无数的事实证明，能够在业务上细分、聚焦的中小企业在生存上更为灵活，发展也更为迅速。小米就是从小而精发展起来的，雷军的七字箴言“专注、极致、口碑、快”是对聚焦的最好总结。

放弃一些业务，首先，意味着要放弃一些人，裁员是必不可少的；其次，是砍掉赘余的产品线，勇敢做减法；最后，是放弃低效率渠道，聚焦能给企业带来高效的优质渠道。

应对向投资方妥协的可能

在融资者应该提前做好的准备中，融资者还应该想清楚一个重要的问题，那就是：为了能得到投资者的资金，可以做出的最大妥协是什么？只有了解和设定好己方的妥协底线，才能更好地去和投资方谈判。并且还应注意，设定了妥协底线后，就要坚守住。在融资谈判过程中，妥协与坚持同样重要，妥协能给融资者带来必要的资金，坚持能让融资者获得资本注入的最大收益。

融资谈判是若干场博弈，当投资方提出比较苛刻的条件时，融资方不能有对抗情绪，而要步步为营，在可接受的范围内做出一定让步，但也同时要求投资方做出让步，或是提出自己的条件进行反制。除非融资方自己急不可耐地暴露弱点，否则投资方不会一味索取，也会做出适当让步。

通常投资方会要求融资方在股权比例、企业估值、投资协议三个方面做出妥协，融资企业需要提前做好准备。

（1）股权比例的妥协——创始人不必一定坚守占比三分之二或过半数股权这个底线，因为只要企业股权结构保持健康，控制权机制设计合理，创始人仍能牢牢掌握对企业的控制权。

（2）企业估值的妥协——融资者要学会报价技巧和还价技巧，报价要高过最低预期的一大块，留下讨价还价的余地，对于投资方的报价要一步步还价，不要一下降到位。

（3）投资协议的妥协——融资者必须直接表明自己的要求，对于投资方的合理要求可以让步，但对于无理要求坚决不能妥协，因为这些要求一旦变为白纸黑字就无法更改了。

↘ 实操准备

寻找价值观一致的投资人

在投资人身上寻找"主观"的品质非常重要，因为我们不仅是在打造产品，也是在打造一家公司。所以，找到一个与融资者价值观一致，同时也关心多样性和包容性，能认可融资者的长处，但也会鞭策融资者克服弱点的投资人非常重要。

当夏威夷牧场主杰克·博特尔（Jack Beutell）为他的初创公司 Kunoa Cattle 融资时，经过短暂的融资试探他就发现，自己的企业需要的并不是传统的天使投资人和 VC 机构，而是要去寻找那些对草饲牛肉、影响力投资、气候变化，甚至夏威夷感兴趣的投资人，因为这些人一定会更了解自己，也更认可自己。后来，他融资成功了，投资方都是与他的公司存在联系的高净值人士、基金经理和杂货店 CEO。

无惧被拒，保持联系

苏珊·荷在创立旅游公司 Journy 后，不断寻找投资方，但很不幸最初的一年她得到的全部是"NO"。但苏珊并没有放弃这些投资人，偶尔会跟他们通电话，告知公司的进展情况。在苏珊修改完善商业计划后，终于有 VC 机构主动提出和她见面了，Menlo 创投领投了种子轮融资。

与一家投资机构中尽可能多的人交流，如果有人不喜欢你的推销，也不要被吓倒，因为争论往往会拉近关系，让投资人更了解你和你的企业。说不定在争论中，你和投资人会发现：原来我们的核心理念是一致的，只是呈现方式不同而已。

有创业者表示：找到一位倾心于你公司的投资人，就像大海捞针一样。现实就是这样的，没办法，只能坚持，无惧被投资方拒绝，将“下一次或许会成功”的信念坚持到底。特色饮料公司 Copper Cow Coffee 的创始人黛比·韦穆林为了筹集 300 万美元的资金，大约与投资人见了 200 次，其中约四分之三是跟天使投资人和 VC 机构见面，另外四分之一则是为了找人引荐投资人。

完善融资推销材料

虽然后续轮次的融资推销需要更多的运营指标，但在天使轮更多会用到的是你的故事和愿景。如果想要吸引投资者的注意力，往往只需要五分钟，陈述故事，展示激情。

根据投资人的兴趣调整推销材料，将自己的企业为什么会成功讲述清楚，这一点十分重要，而且显然这也是投资方关心的问题之一。

如果要借助融资推销材料中的内容，需要记住：在推销内容确定下来之前，不要轻易接近心仪的投资人，可以先找非心仪的投资人练习一番。此后要利用从练习场合上总结的经验教训和得到的反馈意见，改进融资推销材料。要尽量做到每一句话都能阐述一个关键点，不断提升投资方的注意力，否则在下一页幻灯片展示出来时，投资方可能已经没有兴趣听下去了。

连续创业者安德鲁·霍格（Andrew Hoag）花了 14 个月的时间来完善对自己的发明 Teampay 的推销文件。他说：“初时要测试你的故事，知道哪里需要修改，然后简化。帮助你完成交易的是从融资推销文件中删掉幻灯片，而不是加入幻灯片。”

时机就是一切

融资界有句名言：“千万不要在夏季融资，因为投资人都去度假了。”

融资时最大的问题不是时间不够用，而是早早启动了融资计划，但很长时间都未能实现。问题出在哪里呢？其实问题往往不在过程中，而在起始阶段，那就是找错了时机。

仓储服务提供商Cargo的创始人杰夫·克里普（Jeff Cripe）对于第一次融资经历一直记忆犹新，他说："当时有人告诫我，一定要在感恩节前完成融资，感恩节之后几乎不可能达成交易。结果我选择在感恩节前4个月时启动融资，要知道一轮融资最快也要三四个月，结果就在一切看起来没问题的时候，融资进度被感恩节打断了。感恩节之后的很长时间融资才得以重启，一切都要重新来过，那次融资我们花费了一年半的时间，差一点没有挺过来。"

选错了融资时机，融资进度就会放缓；而选对了融资时机，融资进度就会加快，带来的直接后果是：每天都很忙。某企业创始人在进行风险融资时，简直忙成了陀螺，每天平均要和不同的投资对象沟通三四次，以激发投资人之间的竞争。常常是到夜里一两点了，他还在阅读并回复投资方的邮件。

创造一个令人难忘的印象

Pebble Post的创始人刘易斯·格什（Lewis Gersh）在一次投资人会议上抛出了一叠明信片，宣称这些明信片比Google Adwords更值钱。他这么做的目的很明显，是要吸引投资者的注意力，开启一个有趣的自我介绍，从而创造一个令人难忘的印象。

但要注意，这种自我塑造需要保持理性，不能形成自我膨胀。融资者应该明白：关注投资协议的条款要比关注企业估值更重要，理解股权结构表上的所有明细比理解投资者对你的夸赞更重要。

想要融资的创业者一定要牢记一点：不能痴迷于纸上的财富，要明白融资额不是越多越好，宣传自己获得了一个不可思议的融资数额并不值得骄傲，因为今天的不可思议正在减少你未来的选择余地。因此，融资额度要保持在一个较低的位置，这才是能够主动控制自己企业命运的方式。

第三章　融资前的企业准备

↘ 法律筹划

在融资之前，投资方都会对融资企业进行尽职调查。投资方会将尽职调查清单发给融资方，一般包括法律、财务、股权三个方面。有了尽职调查做基础，投融双方才能对企业估值给出合理范围。本章将对尽职调查的三个方面和企业估值逐一介绍。

审查公司主体

审查公司主体是尽职调查清单中的法律要点，包括以下三个方面：

（1）企业设立和程序：包括成立时间、注册资本、是否合法设立、是否经过股权变更、公司章程及修正次数等。

（2）经营范围：企业的经营范围是经过法律许可的，企业只能在范围内经营，不能超范围经营。

（3）企业证照：各种类型的企业具有不同的证照类型（一个或多个），投资方检查企业证照的意义在于确定企业是否具有行业资质。

考察资产权利

投资方必然希望所投企业的资产权利完整，没有瑕疵，包括商标权、网站域名、App 名称等。

如果融资者未能在融资之前做好相关准备，就有可能在资产权利方面出现问题。比如，某企业花费了大量时间与资金推广的品牌商标，结果却并没有被注册成功，原因就是提交的商标与注册标准不符，不久之后该企业又被其他企业控诉侵害了商标权，不仅融资泡汤了，还要面临败诉的局面。

其实，商标方面的问题并不难避免，如果创业者对于这方面的事情不熟悉，可以聘请专业代理机构帮忙，彻底排除隐患。

对于拥有网站的企业，尤其是主营互联网的企业，域名的注册也同样重要。通常企业名称、品牌与网站域名是一致的，因此要越快注册越好，如果已经被其他企业抢先注册，解决办法有两个，要么另选域名，要么协商购买。

与商标和域名类似的是 App 名称，不仅要快速注册，还要实施保护措施。除了常规使用的商标、域名、App 名称，还要多注册一些与现有商标、域名、App 名称相似的、容易产生混淆的，以避免第三方注册这些相似的商标、域名、App 名称而对企业造成的不良影响。更进一步的做法是将相似的商标、域名、App 名称注册在与企业产品或服务相近的类别上，比如企业计划为“光纤通信”注册商标，除了要在“通信服务”类别上注册商标外，还应在“办公事务”“计算机编程及相关服务”等类别上注册商标，这样做的好处是避免第三方使用相同商标对企业的光纤通信业务造成影响。

整理劳动合同

劳动合同是企业与员工确立劳动关系，明确双方权利和义务的协议。签订和修改劳动合同的双方应当遵守平等自愿、协商一致的原则，同时符合法律、法规的规定。

《中华人民共和国劳动合同法》(以下简称《劳动合同法》)第十条:“建立劳动关系,应当订立书面劳动合同。已建立劳动关系,未同时订立书面劳动合同的,应当自用工之日起一个月内订立书面劳动合同。用人单位与劳动者在用工前订立劳动合同的,劳动关系自用工之日起建立。”

因此,企业招入的每一名员工,都应当与其签署劳动合同,即使是在试用期间的也应签署劳动合同,并且最迟不要超过1个月。

《劳动合同法》第八十二条:“用人单位自用工之日起超过一个月不满一年未与劳动者订立书面劳动合同的,应当向劳动者每月支付二倍的工资。用人单位违反本法规定不与劳动者订立无固定期限劳动合同的,自应当订立无固定期限劳动合同之日起向劳动者每月支付二倍的工资。”

↘财务审计

检查银行对账单和流水账单

企业的银行流水是非常重要的,主要包括银行对账单与银行流水账单。

银行对账单是银行和企业核对账单的联系单,具有证实企业业务往来记录的作用。在融资过程中,银行对账单可以作为企业资金流动的依据,帮助投资者认定企业某一时段的资金规模。

银行流水账单也称为“银行卡存取款交易对账单”或“银行账户交易对账单”,是客户在一段时间内与银行发生的存取款业务交易清单。

银行对账单与银行流水账单的获取程序,决定了两者具有的不同的财务风险和需要进行不同的审计方式。

银行对账单是由银行直接提供给企业，再由企业提供给审计人员，过程中有可能存在被篡改的风险。检查银行对账单应该结合银行流水账单、销售收入明细账、成本费用明细账以及客户的上下游合同一起做综合比较。

银行流水账单一般是审计人员和企业财务人员一起到银行打印，因为银行和企业合谋篡改的可能性几乎不存在，因此它的可信度接近百分之百。即便如此，仍然需要履行检查责任，方法很简单，随便找一笔交易，然后打电话到银行，根据流水单上的明细输入要查询的日期，如果与银行客服所报的内容一致，则没有问题，反之则有假。

一般情况下，银行对账单与银行流水账单的内容是一样的，如果内容对不上，则银行对账单有作假嫌疑。具体检查银行对账单的方法，要参考以下五点：

（1）查看银行对账单、银行流水账单是否有与之匹配的合同或者进出库票据以及其他辅助证明材料。

（2）查看银行对账单贷方发生额与银行流水账单（包括员工、企业领导私人卡）数字上是否有来回走账的可能，需一一核实。很多企业为了避税选择走私人卡，因此数据的准确性需要调查与核实。

（3）查看是否有节假日期间对公业务结算的情况。因为银行在节假日不对外办理对公业务，如果节假日发生对公业务结算情况，则银行对账单就是假的。

（4）抽查大额资金的往来。在银行对账单中找出大额资金项，对应合同、发票、收据、出库单等进行核实印证，看企业的结算交易记录是否真实一致，若两者对应数据一致，则交易的真实性高。

（5）审查资金流出流入与企业业务的一致性。如果企业的交易金额大多在几百万元，而银行对账单金额却在十几万元到几千万元间徘徊，则需格外注意。还应注意，如果流水总额超过销售额，也不能保证销售收入就一定具有真实性，因为企业有可能利用几个账户来回倒替。

分析资产负债表

资产负债表与经营损益表、现金流量表，并称为企业的三大财务报表。在财务审计时，这三个表都具有审查价值。

资产负债表是反映企业在某一特定日期的资产、负债及其所有者权益规模和构成等财务状况的会计报表（见表 3–1）。

资产负债表的基本结构是：资产＝负债＋所有者权益，无论企业经营状况是盈利还是亏损，这一等式永远成立。

资产负债表为审查者判断企业的经营和财务状况提供了三项帮助：①显示了某一日期资产的总额及其结构，表明企业拥有或控制的资源及其分布情况；②显示了某一日期负债的总额及其结构，表明企业未来需要用多少资产或劳务清偿债务，以及清偿债务的时长；③显示了某一日期权益所有者的权益情况，表明所有者在企业资产中享有的经济利益。

表 3–1　资产负债表

编制单位：×××公司　　时间：2021–12–12　　金额单位：万元

资产	年初数	期末数	负债及所有者权益	年初数	期末数
流动资产：			流动负债：		
货币资金			短期借款		
应收账款			应付账款		
应收票据			应付票据		
应收股利			应付股利		
预付款项			应付利息		
存货			预收款项		
其他流动资产			应交税费		
流动资产合计			应付工资		

续表

资产	年初数	期末数	负债及所有者权益	年初数	期末数
			其他流动负债		
			流动负债合计		
非流动资产：			非流动负债：		
可供出售金融资产			长期借款		
持有至到期投资			应付债券		
长期应收款			长期应付款		
长期股权投资			其他非流动负债		
投资性房地产			非流动负债合计		
在建工程			负债合计		
长期待摊费用			所有者权益：		
其他非流动资产			实收资本		
非流动资产合计			盈余公积		
资产总计			未分配利润		
			所有者权益合计		
			负债及所有者权益总计		

在资产负债表中，左侧“资产”反映的是资金在企业运用后形成的各项具体形态；右侧“负债及所有者权益”反映的是企业资金的两种来源，负债表示债权人借入，所有者权益表示权益资本投资者投入或企业利润留存。

债权人享有企业全部资源的要求权，企业以全部资产对不同债权人承担偿付责任；在负债偿清后，余下的才是所有者权益，即企业净资产。

综上所述，资产负债表是企业的“底子”，如同显示企业实力的“投影仪”，解读资产负债表能了解企业的规模、资产分布情况以及所欠的外债和内债。

审查经营损益表

经营损益表也称“利润表”，是反映企业在某一个会计期间经营成果的会计报表。通过经营损益表的各项内容可以了解该会计期间企业是盈利还是亏损（见表 3–2）。

经营损益表为审查者判断企业经营和财务状况提供了四项帮助：①显示了一定期间企业的利润构成，表明企业从经营活动和非经营活动中分别取得了多少利润，用以判断企业盈利能力的持续性；②显示了一定期间企业收入与成本的信息，通过将收入与成本匹配，计算企业的毛利率，投资者可用以判断企业的利润空间；③显示了从管理费用、财务费用和销售费用三项期间费用的趋势变化和比例，可用于判断企业的管理水平；④从净利润反映出企业生产经营活动的成果，从每股收益判断企业资本的保值、增值情况。

表 3–2　经营损益表

所属时期：　　　　　　　年　月　日至　　　　　　　年　月　日

填表日期：2021–12–12　　　　　　　　　　金额单位：　元（列至角分）

项目	本期金额	上期金额
一、营业收入		
减：营业成本		
营业税金及附加		
销售费用		
管理费用		
研发费用		
财务费用		
其中：利息费用		
资产减值损失		
加：公允价值变动收益（损失以“—”号填列）		
投资收益（损失以“—”号填列）		
其中：对联营企业和合营企业的投资收益		
二、营业利润（损失以“—”号填列）		
加：营业外收入		

续表

项目	本期金额	上期金额
减：营业外支出		
其中：非流动资产处置损失		
三、利润总额（损失以“—”号填列）		
减：所得税费用		
四、净利润（损失以“—”号填列）		
（一）持续经营净利润		
（二）终止经营净利润		
五、其他综合收益的税后净额		
（一）可供出售金融资产公允价值变动损益		
（二）现金流量套期损益的有效部分		
（三）外币财务报表折算差额		
六、综合收益总额		
七、每股收益		
（一）基本每股收益		
（二）稀释每股收益		

其中，“营业收入”是企业通过经营活动获得的主营业务收入和其他业务收入，因经营活动具有很强的规律性，因此营业收入具有重复性和可预见性；“营业利润”是企业规律性经营行为形成的利润，在此基础上先加上“营业外收入”，再减去“营业外支出”，得到企业“利润总额”；“利润总额”通过计算“营业收入”和“营业利润”得出；在“利润总额”的基础上扣除所得税后，得到企业的“净利润”；“每股收益”是具体经营结果的市场表现；“其他综合收益的税后净额”和“综合收益总额”并非必有项。

综上所述，经营损益表是企业的“面子”，如同记录企业运营表现的摄像机，解读经营损益表能了解企业的实际收入、发生的费用以及利得和损失等金额及其结构情况。

复合现金流量表

现金流是企业在一定时期的现金和现金等价物的流入和流出的数量。因此，现金流量表就是反映企业在一定会计期间的现金和现金等价物流入和流出的会计报表（见表3-3）。

现金流量表为审查者判断企业经营和财务状况提供了四项帮助：①了解企业获取现金和现金等价物的能力（企业的主体现金是经营活动产生的，还是向债权人借入的或是投资者投入的），并据此预测企业未来现金流量；②评价企业的支付能力、偿债能力和周转能力；③分析企业收益质量及影响现金流量的因素；④掌握企业经营活动、投资活动和筹资活动的现金流量，进而了解净利润的质量。

表3-3 现金流量表

编制单位：×××公司　　时间：2021-12-12　　金额单位：元

项目	本年金额	本月金额
一、经营活动产生的现金流量：		
销售商品、提供劳务收到的现金		
收到的税费返还		
收到其他与经营活动有关的现金		
经营活动现金流入小计		
购买商品、接受劳务支付的现金		
支付给员工及为员工支付的现金		
支付的各项税费		
支付其他与经营活动有关的现金		
经营活动现金流出小计		
经营活动产生的现金流量净额		
二、投资活动产生的现金流量		
收回投资所收到的现金		
取得投资收益收到的现金		

续表

项目	本年金额	本月金额
处置固定资产、无形资产及其他长期资产收回的现金净额		
收到其他与投资活动有关的现金		
投资活动现金流入小计		
投资支付的现金		
构建固定资产、无形资产及其他长期资产支付的现金		
取得子公司及其他经营单位支付的现金净额		
支付其他与投资活动有关的现金		
投资活动现金流出小计		
投资活动产生的现金流量净额		
三、筹资融资活动产生的现金流量		
吸收投资收到的现金		
取得借款收到的现金		
收到其他与筹资融资活动有关的现金		
筹资融资活动现金流入小计		
偿还借款本金支付的现金		
偿还借款利息支付的现金		
分配利润支付的现金		
分配股利支付的现金		
支付其他与筹资融资活动有关的现金		
筹资融资活动现金流出小计		
筹资融资活动产生的现金流量净额		
四、现金及现金等价物净增加额		
加：期初现金及现金等价物余额		
减：期末现金及现金等价物余额		

注意：有时还要考虑汇率变动对现金及现金等价物的影响，在必要时加入此项，列在“现金及现金等价物净增加额”之上。

综上所述，现金流量表是企业的“日子”，如同扫描企业日常运转情况的X光机，解读现金流量表能了解企业的现金流入和流出情况，以及企业是否出现资金短缺的现象。

↘股权结构

股权分配模式

股权结构是企业治理的基础，不同的股权结构不仅决定了不同的企业治理结构，也直接影响着企业的经营行为和经营前景。

股权结构中最糟糕的设计是股权平分和股权过散，因为这两种模式都会导致企业内部没有核心控制人，从而在遇到重大决策问题时容易陷入僵局。如果企业是这两种股权结构，投资者通常会避而远之。

在实际情况中，股权平分的情况出现的概率最低，如果真的出现了，原因往往是创业期的“情感因素”。多数因为彼此是好友，或者即便不是好友也是合伙人，大家都不好意思多占，干脆弄个平分，皆大欢喜。殊不知这种欢喜是短暂的，一旦利益起了冲突，很快就从最有感情变成了最没感情。

那么，创业期究竟该依据什么划分股权呢？仅仅依据出资额度是绝对不行的，还要考虑创始人身份、早期合伙人身份（包括创始人）和岗位贡献，综合考量才能制定出最合理的股权结构。具体的划分可参考以下方案：

（1）股权结构划分中影响最大的是创始人身份（CEO），是企业的核心，是项目的牵头人，拥有这一身份的人应该独占一定比例的股权，参考值为总和的25%左右。

（2）早期合伙人身份应当获得的股权比例要低于创始人身份，根据早期合伙人的多少，平均分配该配额的股权比例，参考值为总和的 10% 左右。

（3）出资额度对股权分配的影响在于全职的早期合伙人提供现金或渠道资源等可以获得额外股权（不包括外部天使资金或种子资金）。这部分的股权比例额度应当按照早期合伙人早期实际出资比例进行分配，参考值为总和的 20% 左右。

（4）岗位贡献是指早期合伙人所在岗位能给企业带来的预期业绩贡献，只有全职创业的早期合伙人才能获得这部分股份，参考值为总和的 15% 左右。

综上所述，这种股权方案比较合理，既能够体现对人才的重视，也能考虑到早期合伙人的资本注入情况。

来看一下具体案例：

某企业由张三牵头创立，李四、王五作为合伙人参与投资创办。三人的投资额都是 50 万元，张三作为企业法人代表和总经理，负责企业经营，李四只负责提供渠道并不参与经营管理，王五属于兼职投资创业。那么，三人的股权应如何划分呢？

首先，确定张三的股份：①拥有创始人身份，独占 25% 股权；②属于早期合伙人，得到 4% 股权；③具有相同的出资贡献，获得 7% 股权；④具有最大的岗位贡献，获得 15%。得出张三所占股权为 51%，达到了过半数的相对控制权条件。

其次，确定李四的股份：①属于早期合伙人，得到 3% 股权；②具有相同的出资贡献，同时具有渠道资源贡献，得到 7% 股权。得出李四所占股权为 10%。

最后，确定王五的股份：①属于早期合伙人，得到 3% 股权；②具有相同的出资贡献，得到6%股权。得出王五所占股权为9%。

此外，股权分配之前应预留部分股权池，比如上述理论和案例讲解中都留出了30%股权，确保了企业前两三轮融资不会稀释实际控制人的股权比例。

股权成熟设计

股权有“已成熟”和“未成熟”两种。已成熟是指达到了股权兑现条件，能够由名义上的股权持有者变成正式的股权持有者，并能自由支配；未成熟是指未达到股权兑现条件，名义的股权持有资格将部分丧失，且不能自由支配未成熟部分的股权，必要时要退回这部分股权。

股权成熟机制对于创业企业有两个好处：绝对公平和吸引人才。因此，股权是否成熟的机制设定必须严谨，既要保证企业利益，也要保证个人利益。

通常情况下，股权成熟以“年”为单位划分。也就是说，事先通过协议确定成熟的年限要求（统一年限与分段年限），在满足年限要求后，股权成熟。

赵六、牛七、马八三人合伙创业，股权比例是6 ∶ 3 ∶ 1。一年后马八决定退出，但他手上还持有公司10%的股份，不能给其坐享其成的机会。

根据合伙协议约定，股权按四年成熟。具体规则是：每位创始人股东的股权被均分为四份，每满一年成熟25%，四年期满后，所有股权全部成熟。

马八只干满一年，可以享有自己所持股份10%的四分之一，也就是2.5%，剩下的7.5%就不属于马八的了。这2.5%的股份处理方式，通常由其余创始人股东按照协议约定的价格进行现金回购。

现在还有最关键的“无主”的7.5%的股份需要处理，有两种方法：

①强制分配给赵六和牛七，分配比例可以均分，也可以按照现有持股比例确定；②以不同的价格按公平的方式分配给赵六和牛七，将来可以重新找新合伙人代替马八的位置。

股权激励考核

企业实施股权激励的目的是让内部人员的工作积极性得到最大限度的激发，以保证企业战略目标的完成。在实行股权激励的过程中，行权条件是其最为关键的环节，而考核指标、考核方法在很大程度上决定了行权条件的有效性，影响整个股权激励计划的最终效果。

股权激励计划的考核分为两个方面：企业业绩考核与激励对象绩效考核，两类考核对象的要求有所不同。

1. 企业业绩考核

企业必须在达到预期战略目标后，才能实施股权激励计划，否则激励计划作废。常用的考核指标有以下三个：

（1）净利润增长率：也称为“税后利润”，是利润总额减去所得税后的余额，代表企业的最终盈利。净利润增长率能够说明企业的净利润增长幅度，指标值越大，说明企业的盈利能力越强；指标值越小，说明企业的盈利能力越弱。

（2）净资产增长率：又称为“股东权益报酬率”或“净值报酬率”，是企业税后利润除以净资产得到的百分比率，反映出股东权益的收益水平及企业自由资本获得净收益的能力。

（3）经济增加值：是指从税后净营业利润中扣除包括股权与债务的全部投入资本成本后的所得。核心是资本投入前是有成本的，只有当企业的盈利高于其资本成本时，股东手中的股权才能增值。

除了以上三个常用的考核指标外，一些上市企业还会采用市场增加值、每股收益、经营性现金流、销售收入增长率、利润总额等考核指标。

2. 激励对象绩效考核

企业在既定的战略目标下，通过特定的指标对激励对象的工作行为与业绩进行考核，并根据考核结果对其进行正面引导。常用的考核标准有三个：

（1）目标管理法：是一种将企业的整体目标逐级分解为个人子目标，然后依据考核对象完成目标的实际情况进行考核的考核方式。具体的实施流程为：①企业根据发展需要制定整体目标和战略；②在各部门之间分配主要目标；③各部门管理者和直属上级共同设定本部门具体目标；④部门的所有成员参与制定自己的具体目标；⑤管理者与下级共同商定实现目标的行动计划；⑥实施行动计划；⑦定期检查实现目标的具体情况，并向相关责任人反馈；⑧基于绩效的奖励促使目标成功实现。

（2）平衡计分卡：以企业的财务、客户、业务、成长四个维度为切入点，把企业的战略目标逐步分解转化为相互平衡的绩效考核指标体系，同时对这些指标的完成情况进行考核（见图 3–1）。

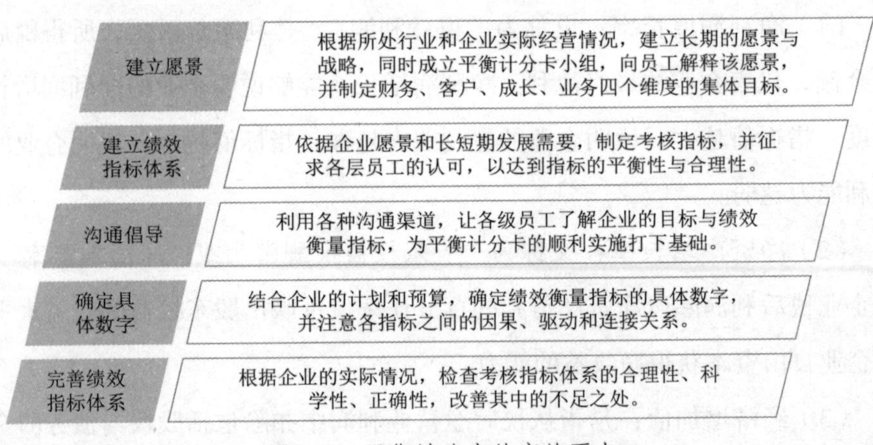

图3–1　平衡计分卡的实施要点

（3）关键绩效指标：对企业内部某环节的输入与输出的关键参数进行设置、取样、计算、分析。这是一种目标式量化管理指标，是将企业的战略目标分解为可操作的工作目标的工具，因此需要遵守具体的、可度量的、可实现的、与目标具有相关性的、有时限的原则。

↘ 有效估值

估值对于企业非常重要，决定了融资换取资金时要向投资者付出多少股权。进行企业估值不能只想到用什么方法对企业最有利，还要将估值元素考虑全面，尽可能提升企业的估值。

估值元素

企业估值需要考虑的元素有六个基本项，也就是说任何企业（无论大小、所在行业）做估值，都要考虑这六项：

（1）现金——再小的企业也会有一定的流动现金和可折现的物品，将现金和所有能折现的东西都核算进去，哪怕是几块钱的办公用品，对于创业期企业来说，每一分钱都是宝贵的。

（2）股权——企业的高速发展，离不开稳定的股权架构，投资者不仅要看投资能给自己带来多少股份，更要看融资企业的股权架构是否合理，只有合理的股权架构才能保证企业在发展的道路上不会被内乱拖垮。

（3）技术——融资企业的技术能力对于投资者的影响非常重要，那些拥有最新技术的企业总能更容易地获得融资。

（4）资源——融资企业自身的资源实力也是投资者重点考察的内容，因为企业的生存发展离不开资源的助益，包括渠道资源、市场资源、技术资源、人脉资源等。

（5）知识产权——知识产权不仅指专利技术，还包括企业名称、商标、域名、App 等。融资企业是否具有知识产权意识，是否将企业的知识产权进行足够的保护，都是投资方要关注的。投资方绝对不想看到企业发展到如火如荼时却被突如其来的知识产权纠纷给扼杀了。同时，投资方还要通过给知识产权赋予实质价值对融资企业价格进行评估。

（6）劳务——以劳动形式为他人提供服务，如果融资企业的服务是全新的，市场空白较多，则企业估值将会提升。

估值方法

企业估值可以分为相对估值（包括可比公司法、可比交易法、贴现现金流法）和标准计算估值（包括市盈率计算法、市销率计算法、现金流量折现法、销售额计算法），下面逐一介绍。

1. 可比公司法

因为可比上市公司的数据通常更有时效性和真实性，得出的结果也相对准确可信。因此，用可比上市公司乘数来决定估值。具体做法为：

先挑选与融资企业同行业的、可参照的上市公司，目的是提供相关性强的参考，数量为 5 ～ 10 家。

接下来计算所参照上市公司的主要财务数据，包括盈利能力、投资收益、杠杆率及相关倍数这四项。

（1）盈利能力通过毛利率、税息折旧及摊销前利润率（EBITDA）、息税前利润率（EBIT）、净利润率四个进行指标分析。

（2）投资收益通过已投资本回报率（ROIC）、资产回报率（ROA）、股东权益回报率（ROE）来分析得出。

（3）杠杆率的衡量指标是债务与 EBITDA 的比率、债务与资本总额的比率、EBITDA 与利息支出的比率（覆盖比率）。

（4）在所需财务数据收集好后，就可以计算所参照上市公司的相关倍数，如市盈率（P/E）、公司价值 /EBITDA、公司价值 / 销售额等。

再接下来将融资企业与所参照上市公司进行比较分析，从而框定相对的融资范围。首先在所参照上市公司中筛选出与本企业（融资企业）的业务和财务特征最为接近的一个，并排除离群值，然后分析和比较交易倍数。

2. 可比交易法

从类似的融资交易事件中获取有用的财务数据，以求出一些相应的融资价格乘数，并在此基础上评估融资企业的价值。具体可分为以下三个步骤：

（1）挑选同行业被投资的相似企业。在市场上寻找类似的融资交易，同行业的同类企业被投资的案例具有很高的参考价值。

（2）计算相应的融资价格乘数。在已经被投资的同类企业的估值基础上，获取与融资估值相关的财务数据，计算出相应的融资价格乘数，作为对融资企业进行融资估值的依据。

（3）根据溢价水平做出估值。在计算出类似融资交易中估值的平均溢价后，可以借用这个溢价水平计算出融资企业的价值。

3. 贴现现金流法

任何企业的价值等同于其未来现金流之和的折现。该方法取决于企业是否能够持续创造的收入，通常以未来 5~10 年为折现期。因此，在运用贴现现金流对融资企业估值时，还必须考量贴现率估算的因素。

贴现率是投资者需要从此次投资里得到的回报率。如果投资者认为项目风险过高，就会要求更高的贴现率。比如某公司将股票贴现率的平均值定为 10.5%，其中 5% 是短期国债的收益率，即无风险收益率，另外 5.5% 是投资者为了承担超过无风险投资的那部分投资所要求的对应部分风险的回报率。

贴现现金流法的计算原理是未来收获的一笔投资回报，相当于现在的多少投入。计算公式为：

现金流贴现 = 未来现金流 ×[1 ÷（1+ 贴现率）^ 年数]

根据上述公式，可以计算出当前价值 X，然后计算并贴现永久价值。

公式为：

永久价值 =[第 N 年的现金流 ×（1+ 预期增长率）] ÷（贴现率 – 预期增长率）

其中，预期增长率不是现金流增长率，而是融资企业的长期增长率。根据现金流贴现的计算公式，可以计算出永久价值贴现到第 N 年的结果 Y。将 X 和 Y 相加，得出融资企业的总现值。

此外，企业在进行融资交易时，需要投入大量的资源和时间，贴现现金流估值法应该将这部分成本考虑进去，实际操作中通常会给融资企业 20% ~ 30% 的非流动性折价。

4. 市盈率计算法

发展较快的融资企业按照市盈率来计算估值比较合适，因为投资者投资的是一家企业的未来，是对所投企业未来的盈利能力给出当前的价格。它的计算公式为：

企业估值 = 预测市盈率 × 企业未来 12 个月的利润

一般融资企业未来 12 个月的利润是通过企业历史财务数据预测出来的，属于有规律性的数字，因此公式的关键就是预测市盈率了。

投资机构预测市盈率时，普遍会给历史市盈率打折扣。比如互联网行业的平均历史市盈率是 60，那么预测市盈率会定为 50。通常情况下，非上市融资企业的参考市盈率为 20 ~ 30，如果在同行业中属于规模较小的初创企业，参考市盈率为 10 ~ 15。现有某互联网初创公司预测融资后下一年度的利润是 800 万元，则该公司的估值是 8000 万元到 1.2 亿元。

5. 市销率计算法

市销率反映的是企业的投资周期与潜力。市销率越低，说明企业股票目前的投资价值越大，也说明企业的价值越大。

市销率的确定方法：根据同行业上市公司平均价格销售比，打个折扣。其计算公式为：

企业价值 = 价格销售比（PS）× 预测销售额

企业估值的 PS 倍数范围为 30 ~ 40 倍。

市销率计算法的特点有四项：①不会出现负值；②不能反映成本的变化；③只能用于同行业对比；④结果对价格和企业战略变化敏感。

市销率法适用于经营平稳的企业、高速增长的企业、经营困难（没有利润）的企业。

6. 现金流量折现法

融资企业要先估算未来 5 年或 10 年的自由现金流，这项工作的顺利完成，需要融资企业对自身的经营业务和竞争优势有充分的了解。

融资企业和投资方能否达成一致，体现在对未来现金流的估算中，或者融资企业的利润率未来会提高，或者融资企业的销售增长速度会降低等。

某公司 2012 年的自由现金流是 1000 万元，预测其自由现金流在未来 5 年内会以 10% 的速度增长，但 5 年后的自由现金流增速降为 5%。根据以上信息，计算该公司未来 10 年的估计现金流（见表 3–4）。

表 3–4　某公司从第一年到第十年的估计现金流

时间	现金流	具体计算
2013年	1100万元	1000万元 × 10%+1000万元
2014年	1210万元	1100万元 × 10%+1100万元
2015年	1331万元	1210万元 × 10%+1210万元
2016年	1464.1万元	1331万元 × 10%+1331万元
2017年	1610.51万元	1464.1万元 × 10%+1464.1万元
2018年	1691.03万元	1610.51万元 × 5%+1610.51万元
2019年	1775.58万元	1691.03万元 × 5%+1691.03万元
2020年	1864.36万元	1775.58万元 × 5%+1775.58万元
2021年	1957.58万元	1864.36万元 × 5%+1864.36万元
2022年	2055.46万元	1957.58万元 × 5%+1957.58万元

7. 销售额计算法

如果融资企业还没有产生利润，可以以销售额为基础，按照行业平均利润进行估值。具体计算方式是：行业平均理论率为X，上一年年度销售额或下一年预计销售额为Y，估值计算为X×Y。

例如，制造业的行业平均利润率约为35%，估值可以是最近一期的年度销售额或预计下一年的销售总额乘以2。有些行业的利润率较低，在计算企业估值时或者只是平价，或者还要降价。比如零售行业的企业估值可以是年度销售额乘以1，批发行业的企业估值可以是年度销售额乘以0.5。

第四章 商业计划书的内容构成

↘ 核心内容介绍

融资商业计划书是企业为了达到融资目的，根据一定的格式、内容、要求编辑整理的，向投资者全面展示企业当前情况、未来发展潜力的书面材料。

专业的融资计划书对于融资企业来说，既是获得融资的必备材料，也是企业对自身现状与未来发展战略的全面思索与重新定位。在编写商业的计划书时，应该借助投资者的思维，思考对方的关注点是什么？把对方的关注点都体现在计划书上。

虽然不同企业的融资情况不尽相同，对融资商业计划书的要求也不尽相同，但是有一些关键的核心内容却是所有企业的融资商业计划书上都一定要有的。这些核心内容有八项，即产品介绍、市场分析、团队运行、竞品分析、商业模式、财务数据、融资需求和运作规划，下面逐一介绍。

产品介绍：定位和痛点

市场上的产品有很多种，但是用户需求是有限的。一款产品不能也无法满足所有用户的需求，其实绝大多数成功的产品其实只是满足了少量用户群体的某一个需求，因此，创业者只需要针对某个用户群体的某个痛点设计产品即可。

一个经典的产品介绍公式是：

产品的存在针对于 ××× 用户群 + 描述潜在用户群 + 产品属于 ××× 类别 + 产品核心卖点 + 与竞争对手产品的主要区别

这个公式可以帮助创业者对产品做出尽可能清晰的定位。如果要完整地列出这个公式，在此之前创业者还需要思考一些关键性问题：

（1）产品的核心功能与目标用户的痛点是否匹配？（仅讨论核心功能）

（2）目标用户会因为痛点产生什么样的情绪？（正面的和负面的）

（3）其他竞争对手如何解决目标用户的痛点需求？（竞品的优势和劣势）

（4）潜在用户的最大范围是什么？（由宽泛到具体）

（5）如何描述专属用户的特点？（即最核心用户，极有可能成为种子期用户）

（6）产品的工作方式与竞品有何不同？（必须客观）

（7）产品选择这种工作方式的理由是什么？（所有的理由）

回答上述问题不是一次性可以完成的，需要多次反复进行，也需要创业团队的集思广益。当创业者能够全面、深入、客观地回答上述问题后，就会发现产品的定位已在不知不觉中出来了。

为什么在融资商业计划书中首先要介绍产品呢？因为产品是企业的核心，投资方关注的就是融资企业如何利用产品做出成绩。而产品名字、产品特征、用户画像和品牌信息都源自产品定位。因此，在融资商业计划书中对产品定位陈述精确，不仅能帮助投资者了解融资企业，还能帮助投资者建立投资信心。

在融资商业计划书中清晰描述产品定位，可分为三个步骤：

（1）先看目标市场：说明产品是给谁用的（Who）。

（2）再看用户痛点：说明产品如何解决用户所需（What）。

（3）分析差异化价值点：说明与竞品的不同以及如何与其他营销属性结合（Which）。

市场分析：需求预测与容量分析

通常来说，投资者都会非常看重创业者对于融资项目的市场需求预测和市场容量分析。

市场需求预测就是有多少用户可能使用融资项目的产品，百万级？千万级？亿级？市场需求预测不仅表现在用户数量上，还有转化率、客单价、复购率等指标。比如一个用户量少但客单价高的产品，同样有巨大的市场潜力。

与市场需求预测数据一样，市场未来容量分析同样会影响到投资者的投资信心和投资决策。虽然市场风向瞬息万变，但变化中总有规律可循，十年以后的情况难以预料，未来两三年的情况还是可以预测的，任何投资者都会喜欢未来市场空间足够大的项目。

融资项目计划书中的市场需求预测与容量分析，不能是简单且毫无根据的“我们认为”，一定要有相关数据做支撑，有充分的理由为依据。此外，在计划书中还要有区域市场预测和全域市场预测、长期市场预测和短期市场预测的分析内容。

鉴于有的融资企业的产品还未上市，有的融资企业的产品已经上市，因此在采用预测方法时就有不同的侧重。下面归纳一些常用的市场分析预测方法，融资企业可根据实际情况酌情运用。

（1）购买力指数法。购买力指数是对家庭收入、家庭户数、地区零售额等加权平均后，得出的一个标准系数，是一个相对数。只有用全部潜在需求量乘以某地区的购买力指数，才能得到某地区的潜在需求量。

（2）连锁比率法。对与产品的市场潜力相关的几个因素（产品特点、销售模式、渠道优势、价格等）开展连锁相乘，通过对几个相关因素的综合考虑进行预测。

（3）购买者意图调查法。直接向目标客户了解其潜在购买意图，可以同时得出用户对产品痛点的认可度和用户的真实需求。

（4）行业调查法。对所处行业内各家重要企业进行调查，可以面向用户，也可以面向制造商，还可以两者同时进行。

（5）趋势预测法。将历史资料和数据按时间先后次序排列，根据其中的发展规律推测未来市场的发展方向和变动程度。有两个子方法最为常用：移动平均法和指数平滑法。

团队运行：本方的集中化优势

企业发展早期阶段，尤其是创业初期，创始人及团队的能力和运行情况是非常关键的评判标准。放眼那些世界级企业，无一不是有超级创业者压阵，有顶级创业团队辅助。虽然大部分企业都没有成为世界级和“独角兽”企业的机会与能力，但若能在能力范围内做成地区级霸主，投资者也能享有巨大的投资回报。因此，投资者会非常希望在融资商业计划书中看到融资企业创始人及团队的相关背景，特别是他们有机会从激烈竞争中脱颖而出的不凡之处。在这一点上，任何希望获得投资的创业者都不要谦虚，自己与团队有什么优势尽管写出来，越能让人眼前一亮的优势，对融资就越有利。

第 1 个要介绍的是创始人。名校、名企或者操作过知名项目的经历，都会给创始人贴上一个“优秀”的标签。但并非所有创始人都具备如此优秀的过往，那么该说的还是要说，将自己在相关行业的经验和成绩讲出来，并且一定要是真实的。

第 2 个要介绍的是团队。重点介绍团队中的核心成员，将他们的能力、经验、擅长之处和人脉资源等都突显出来。

一个合理的创业团队的职能布局，应该由核心领导者、关键技术人员、行业资深人士、销售人员和理财专家共五类人员构成。但根据创业领域的不同，并非所有的创业团队都一定要“五脏俱全”，但满足其中的三到四项是必需的。

但并非所有融资企业都是初创阶段，有的融资企业已经具备了一定规模，此时企业的组织架构应该更为成熟和完善（见图 4–1）。

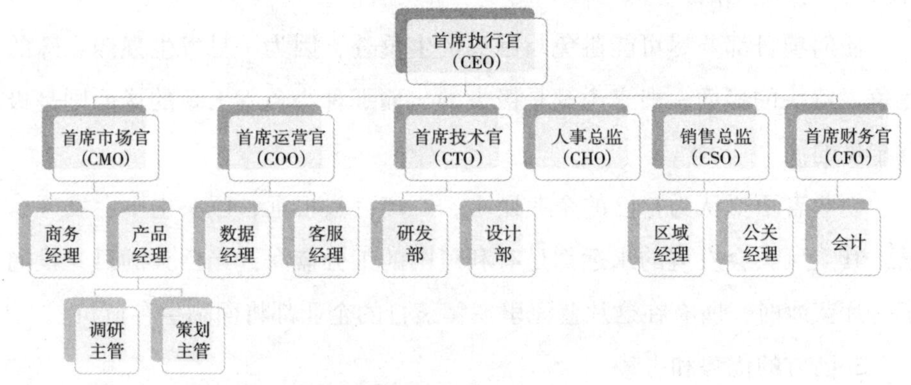

图4–1　融资企业组织架构模板（部分）

竞品分析：竞争对手的最大优势和潜在劣势

在商业计划书中对竞品进行详细的分析，可以体现出创业者及团队对市场的深刻认识，可以反映出创业者能够正确识别出直接或潜在的竞争对手的能力。同时，这样的分析也是本着对投资者负责的态度，通过将此次融资项目的利弊都予以客观阐述，以减少投资方的不确定性。这样的做法既能给企业经营带来直接的益处，也能因为获得投资者的赞许而获得间接收益。

通常，商业计划书的竞品分析要体现三个层面：

1. 谁是竞争对手

在做竞品分析之前，创业者首先要找到哪些是对手，这些对手中谁的威胁最大，可以分两步进行：

（1）确定竞争领域——对市场进行细分，做好自己的产品定位，直接竞争对手也必然出于这个细分领域中。

（2）确定竞争目标——企业对未来发展的预期决定了与对手碰撞的时机、交锋的时长与激烈程度。

2. 是否有巨头竞争

融资项目所在的细分市场当前有巨头吗？当前的竞争对手中有可能产生巨头吗？未来巨头加入战局的可能性有多少？是否会出现多个巨头同时介入的“血腥场面”？

任何项目都要尽可能避免与巨头产生重叠，因为一旦发生强弱悬殊的竞争，巨头的赢面一般来说都是极大的，而那种小鱼吞大鱼的场面则是极其罕见的。

创业者不要认为自己的企业还小，距离巨头很远，巨头也不会发现自己。其实巨头会发现的永远都是有利可图的细分蓝海，当巨头的目光投向了一片蓝海时，所有在这片蓝海里摸爬滚打的企业都将面临生存危机。

3. 己方的优势和劣势

分析己方产品的优势和劣势，可以对自己和竞争对手有一个清醒的认识。分析不能凭借直观印象，而应采用一些科学的方法，在此建议使用“SWOT分析法”，将所面临的问题分解成优势（Strengths）、劣势（Weaknesses）、机会（Opportunities）、威胁（Threats）四个层面解读（见图4-2）。

	S优势	W劣势
	① ② ③	① ② ③
O机会 ① ② ③	O-S ① 发挥优势 ② 把握机遇 ③	O-W ① 抓住机遇 ② 克服劣势 ③
T威胁 ① ② ③	T-S ① 利用优势 ② 消除威胁 ③	T-W ① 减少弱点 ② 避免威胁 ③

图4-2 SWOT分析法

商业模式：如何实现盈利最大化

商业模式的本质可以概括为一个公式：

利润=收入–成本

这个公式看起来是不是很简单？但是要将简单的东西用简洁的表达方式呈现出来，却并不容易。创业者必须明白，那些投资者都是在商场上长期厮杀的高手，都深谙商业规则，他们很容易就能从一份商业计划书的表述中知道哪个项目的商业模式可行，哪个团队具备经营能力。所以，在向高手推销自己时，就无须拐弯抹角了，直接、简单、清晰地捞干货就可以了。

1. 明确标出独特之处

投资者希望看到创业项目是具有独特之处的，因为独具特色往往代表着“独一份”，如果市场上出现了能够满足目标用户需求的“独一份”的产品或服务，绝对可以很快占领市场。

想一想，一个各方面制作非常精良的产品，如果是“烂大街”的款式，又能吸引到多少消费者的目光呢？

2. 突出盈利核心

盈利，永远是投资者最关注的事情。让投资者看到产品具有的盈利点，是打动投资者的关键，若能再让投资者认可盈利点，则获得投资的可能性就极大增加了。

清晰的盈利点包括很多方面，如企业在经营中所依靠的过硬的科技创新能力、产品的不可替代性（短期或长期）、低成本下的高质量特性、对客户的真诚服务等。

3. 自觉对盈利模式进行对比

将己方的盈利模式和对手的盈利模式做对比分析，说明自己的盈利模式的优势，让盈利模式能够更加清晰、明确地体现出来，给投资者以投资的信心。

在对比过程中，通常来说不可能一直都是己方的盈利模式占据上风，一定会有己方比不过竞争对手盈利模式的地方。对于不如他人之处，融资者也要大胆说出来，因为这样做一方面能体现出创业者对于自身产品的清醒认识，另一方面也能给投资者留下好的印象。

财务数据：用户和运营的基础

因为企业运营涉及的数据有很多，不可能在一份商业计划书中全都写出来，如果真的全部罗列，反而会给投资方带来阅读麻烦。其实，在商业计划书中融资者只需要列出具有重要意义的里程碑数据，包括注册用户数量、活跃用户数量、网站人均浏览次数、上期销售量、平均客单价等。

如果产品已经投放市场一段时间，融资方必须在正式融资前就做好相应的数据调查，以便将产品在市场中的真实情况告知投资者。

有些创业者会因为用户量少、产品销售量少等客观情况，不愿引用数据，怕被投资者“嫌弃”。其实，经营企业出现产品销售不利的情况，并不是丢人的事情，再厉害的企业也推出过不受人待见的产品。通过失败的经历积累成功的经验，是每个成功者必走的路。因此，融资者不要过于计较某些数据的糟糕表现，反而要大胆找出几个关键数据加以说明，从而加深投资者的印象。

融资需求：具体到数值和种类

在商业计划书中，创业者必须要写明企业的估值，打算出让多少股份以及想获得多少融资。

融资，就是博弈的过程。融资方的需求是企业估值越高越好，股权出让比例越低越好，拿到的融资额越高越好；投资方的需求是融资企业的估值越低越好，股权出让比例越高越好，付出的投资款越少越好。

正因如此，现实中很多创业者总是在这个环节“犹抱琵琶半遮面”，转圈绕弯不做明确表达。这种做法的心理不难理解，其实就是怕自己的报价低了，让投资者占了便宜，所以要等投资方先报价，自己好能待价而沽。还有一种是，创业者自己也不知道企业应该估值多少，让出多少股份合适，拿到多少融资才算够用。对于前者，我们的告诫是“大可不必”，怕自己的报价低了，那就尽量报高点，反正估值和出让比例都是可以调整的，最终确定为多少，就看双方的博弈了。对于后者，我们的建议是“回炉另造”，面对近乎什么都不清楚的小白，试问有哪个投资者敢冒险呢！

融资金额不是简单的数值，还涉及币种，比如区分融资的币种报告是人民币或美元。如果企业优先接受美元，但对人民币也能接受，可以在金额后标注“美元”字样，在美元之后加一个括号，注明“或等值人民币”。

此外，在投资形式中，融资者需要为投资者列出投资贷款、利率、利率支付条件、转股－普通股、优先股以及对应的价格等内容，帮助投资者更好地了解自身将会得到的投资反馈。

运作规划：资金使用情况

融资方必须将本轮融资的具体用途做重点说明，最好将资金的使用情况细化到具体项目和具体时间。翔实、有力的资金使用计划，更能吸引投资者的兴趣。

这部分内容需要充分体现出创业者的战略规划能力和企业运营能力。融资运作规划的时间段应当是资金到位后企业未来 3 到 5 年的发展规划：

（1）资金需求说明。它包括资金的总量、用途和使用期限。其中，资金用途主要是在拓展项目、扩展业务、升级核心团队和优化商业模式等方面。

（2）资金使用计划及进度。这指的是花钱的节奏，就是让投资者清楚自己的钱在什么时间都被花在了哪些地方。

（3）其他重要信息。包括回报 / 偿还计划、吸纳投资后股份结构、股权成本、投资抵押、投资担保等。

↘ 投资方关注事宜

股权：是否与出资挂钩

融资方需要融得多少钱，愿意出让多少股份，直接关系到投资方要投多少钱，能够获得多少股份，因此投资方所得股权数量与出资额挂钩。

确定了融资金额后，再确定融资企业的估值，能计算出融资企业需要出让的股份数量，同时也能计算出投资方能够获得的股权数量和持股比例。比如某企业预计融资 200 万元，投前估值是 600 万元，则投后估值变为 800 万元，即融资企业的净价值是 800 万元，投资人占有企业 25% 的股份。

因为投资额与股权比例挂钩，在投资条款中都会写明："公司设立完成后，投资人以人民币 ××× 万元的投资后估值，对公司投资 ××× 万元人民币进行溢价增资。增资完成后，公司注册资本增加为 ××× 万元，投资者取得增资完成后公司 ××% 的股权。"

之所以要明确投前估值或投后估值，一方面是法律规定，另一方面也是因为现实中两者很容易混淆。比如投资者说："我方对贵公司的估值是 2000 万元，拟投资 500 万元。"要如何判断投资方所说的 2000 万元是投前估值还是投后估值呢？可能投资方的 2000 万元是投后估值，500 万元买下的是投后价值 2000 万元的公司 25% 的股份，但创业者理解的 2000 万元是投前估值，500 万元买下的是投后价值 2500 万元的公司 20%

的股份。双方都按照有利于自己的方面理解同一句话，因此一定要明确企业估值和投资方所获得的股权比例。

收益：制定分配制度

将融资企业实现的净利润按照一定的形式和顺序在经营者和投资者之间进行分配。企业的收益分配制度包括三个方面：

1. 每年可供分配的收益来源项目和金额

企业每年可供分配的收益由三部分组成：

（1）本年实现的净利润：可供分配收益中的重要来源，应和经营损益表中披露的年度净利润保持一致。

（2）年初未分配利润：截止到上年年末累计的未分配利润，构成可供分配利润的重要组成部分。

（3）其他转入：主要指盈余公积转入，当企业本年度没有利润，年初未分配利润又不足时，为了让股东对企业保持信心，企业会在遵守法律法规的前提下将盈余公积转入参加利润分配。

2. 每年收益分配的方向和具体方案

根据《中华人民共和国公司法》（以下简称《公司法》）的相关规定，一般公司和股份有限公司当前收益应按照下列绝对不能颠倒的固定顺序分配。

第（1）顺位——弥补以前年度亏损。

第（2）顺位——提取法定公积金。

第（3）顺位——支付优先股股利。

第（4）顺位——提取任意盈余公积金。

第（5）顺位——支付普通股股利。

第（6）顺位——转为资本（股本）的普通股股利。

3. 每年末企业的未分配利润

企业本年实现的净利润进行了上述两项分配后，若仍有余额，即为本年的未分配利润。本年未分配利润加上上期未分配利润的合计数，即为本期未分配利润累计数。

退出：可供选择的方式

退出是投资人所投资的企业发展（未必一定发展得好）到一定阶段后，将股权转化为资本形式而使股权持有者获得利润或降低损失的过程。

投资人的退出方式主要有以下四种：

1. 上市退出

投资者若能通过上市退出是最理想的结果，因为这能同时获得投资回报和社会声望。由于投资者有可能在所投企业担任一定职务，甚至取得了所投企业的控制权，在退出时需要遵守相关法律法规的规定。

主板、中小板和创业板的企业退出比较容易，在锁定期结束后就可以出售或转让所持有的股份，法律规定如下：

（1）主板上市企业的控股股东及实际控制人所持股票在企业上市之日起至少锁定 36 个月。

（2）主板上市企业的其他股东，持有主板上市企业股票的，在企业上市之日起至少锁定 12 个月。

“新三板”企业的退出则相对复杂一些，包括锁定期期间内的交易和对转让份额的限制，法律规定如下：

（1）“新三板”企业的控股股东及实际控制人所持有股票在挂牌之日、挂牌满一年以及挂牌满两年等三个时点可分别转让所持股票的三分之一。

（2）“新三板”企业的董事、监事、高级管理人员所持新增股份在任职期间每年转让不得超过其所持股份的 25%，所持本企业子公司股票的，上市交易之日起一年内不得转让。

2. 股权转让退出

这是指投资者将自己持有的融资企业的股权和股东权益有偿转让给他

人，从而实现股权变现的退出方式。

《公司法》中对股份有限公司和有限责任公司的股东股权转让都进行了规定。

股份有限公司的股东股权转让规定很简单，只有“股东持有的股份可以依法转让”这一句话。

有限责任公司的股东股权转让规定就比较复杂，规定：“股东之间可以相互转让其全部或者部分股权。股东向股东以外的人转让股权，应当经其他股东过半数同意。股东应就其股权转让事项书面通知其他股东征求同意，其他股东自接到书面通知之日起满三十日未答复的，视为同意转让。其他股东半数以上不同意转让的，不同意的股东应当购买该转让的股权；不购买的，视为同意转让。经股东同意转让的股权，在同等条件下，其他股东有优先购买权。两个以上股东主张行使优先购买权的，协商确定各自的购买比例；协商不成的，按照转让时各自的出资比例行使优先购买权。公司章程对股权转让另有规定的，从其规定。”

3. 回购退出

这是指投资者可以通过股东回购或者管理层收购的方式实现退出。回购价格的计算方式如下：

（1）按投资人持有股权的比例计算，相当于待回购股权对应的投资款，加上投资人完成增资出资义务之日起每年以复利率 8% 计算的投资回报，加上每年累计的、应向投资人支付但未支付的所有未分配利润（其中不满一年的红利按照当年红利的相应部分计算金额）的资金额。

（2）由投资人和代表企业 50% 投票权的股东共同认可的独立第三方评估机构评估的待回购股权的公允市场价格。如投资人要求待回购股权的价格可根据红利派发、资本重组和其他类似情况，经双方协商进行相应调整。

4. 清算退出

这是一种投融资双方都不愿看到的退出方式，因为通过清算来退出投资，是投资人获益最少的退出方式。但如果发生企业经营不善或其他原因导致上市、股权转让等不能实现，投资人也会选择这种退出方式，让自己尽快脱身。

此外，如果是企业破产清算退出，结果就更惨了，意味着投资者的资金多数打了水漂，融资者的心血也全部付诸东流。但若是企业经营失败，走到了必须清算的地步，投资人也希望尽可能地挽回损失。

融资篇

第五章　天使投资

↘ 商业天使，一个完美的资本来源

对于初创企业来说，上市是非常遥远的事情，进行天使轮融资才是当下最需要解决的事情。

个人投资人以天使投资居多，这类也叫作“天使投资人”。投资阶段一般是种子轮 / 天使轮用自己的钱投资，投资额通常不大，成功的概率低，但回报较高。

天使投资人一般都具有以下特点：

类型：事业比较成功的人或者比较知名的投资机构。

金额：投资金额偏小，多在几十万元到几百万元之间。

形式：多见一次性的前期投资，少见追加投入。

管理：一般会参与到所投企业的管理中。

退出：一般在上市之前转股获利退出。

“支票天使”

顾名思义，就是只出钱不出力的天使投资人。之所以不出力，或许是因为缺乏企业管理、运营经验，或许是因为没有足够的时间和精力，或许是因为投资风格就是如此。

对于融资企业来说，与这类“天使”形成投融资关系，既有有利的一面，也有不利的一面。有利的一面是“天使”完全不参与企业经营管理，企业创始人及团队可以自由决策；不利的一面是企业只借力到资本本金，但借不上“天使”的人脉资源、渠道资源和商业经验。

“超级天使”

“超级天使”是具有丰富经验的企业家、连续创业者、资深的行业人士，也可以是愿意对所投资企业提供独到的支持的人。

若企业在寻找天使投资人的过程中能遇到既愿意出钱也愿意出力的“超级天使”，将是非常幸运的。“超级天使”的人脉资源、渠道资源和商业经验对于初创企业是非常宝贵和重要的，可以让企业在奋斗的路上事半功倍，也就是常说的“少奋斗N年”。当然，一切所得皆有代价，“超级天使”会对融资企业内部进行梳理，会引起企业经营的短暂阵痛，但为长远计，只要“超级天使”不是以夺取融资企业控制权为目的的相助，有些改变都是可以接受的。

“天使联盟”

企业之间是有联盟的，毕竟众人拾柴火焰高，一家企业的力量再大也是小，一个企业联盟的力量再小也是大。这种力量不是仅靠企业估值来计算的，还要从企业经营涉及的范围、市场份额的整体覆盖率、相互间可以裨补阙漏的优势等等。

同样，“个人天使”也可以聚集在一起，定期交流和评估，分享行业经验和投资经验。对于有兴趣的项目，分配尽职调查，联合投资。这种“天使联盟”可以帮助天使投资人达到三个目的：提高投资金额，分散投资风险，提高成功概率。

天使机构

机构一般很少做“天使”，主要是风险太大，收益的不确定性太多。因此，天使机构和个人天使有非常强的关联度。

（1）个人天使机构化：如徐小平真格基金、吴世春梅花创投、张野青山资本等，以前都是个人天使，后来逐渐机构化。

（2）天使＋孵化器：典型代表如美国YC，一个融资项目只投2万～3万美元，占融资企业5%左右的股份，但会给每个创业者安排“教练”，并且有创业课程等落地辅助。国内类似的孵化器如创新工场、联想之星等。

↘ 值得接近的“天使”

因为大部分初创业者都是第一次创业，人脉资源较少，如何在“柳暗花明”中觅得“天使”是件很不容易的事。即便找到了“天使”，如何判断“天使”的成色，又如何接近“天使”，则是更大的难题。

寻找“天使”的三个渠道

说到如何寻找天使投资人，网上可以查到各种方法，但概括起来无非是三大类：

（1）朋友推荐。如果你是创业者，在寻找投资人时，可以将这一信息传播到你的人际交往圈子里，家人、亲戚、同事、同学、朋友、邻居等等。因为这些人中或许就有愿意将你引荐给某某投资人，或者是间接认识某某投资人的人。如果有人这样做了，就意味着他愿意为你的表现承担信任风险与连带责任。这是非常好的找资金的方式，不仅有机会获得资金，还可以收获情谊。

（2）网络搜寻。创业者要懂得营销自己的创业项目，方式多种多样，可以因具体情况而异。营销就是将自己的项目通过软文、长短视频的形式获得网上曝光率，不仅能够收获种子用户，还能提高获得天使投资的机会。

（3）专业孵化平台。朋友推荐和网络搜寻都是间接渠道，通过专业孵化平台则是直接渠道。专业孵化平台可以为新创的科技型中小企业提供基础设施和一系列的服务支持，降低创业者的创业成本和创业风险。创业者带着自己的项目和团队入驻孵化器或者联合办公场地，得以直接接触投资人，在投资人面前展现融资项目，从而增加融资成功率。

列一个“天使红榜”

有一些名声在外的天使投资人，创业者需要重点关注。比如，2022 年的“投资界 TOP100”投资人（见表 5–1）。

表 5–1　2022年“投资界TOP100”（排名不分先后）

名称	投资人	典型投资
蓝驰创投	陈维广（管理合伙人）	58同城、理想汽车、青云科技
啟赋资本	傅哲宽（创始人、董事长）	泡泡玛特、天宜上佳
明势资本	黄明明（创始合伙人）	理想汽车、小牛电动、云鲸智能
策源创投	元野（主管合伙人）	BOSS直聘、美团点评、医联网
金沙江创投	朱啸虎（主管合伙人）	滴滴出行、饿了么、映客
源码资本	曹毅（创始合伙人）	字节跳动、美团、理想汽车
元生创投	陈杰（创始合伙人）	开拓药业、亚盛医药、博瑞医药
顺为资本	程天（合伙人）	BOSS直聘、快手、货拉拉
GGV纪源资本	符绩勋（全球管理合伙人）	BOSS直聘、小鹏汽车
GGV纪源资本	李宏玮（管理合伙人）	小牛电动、金山办公、Keep
高榕资本	高翔（创始合伙人）	BOSS直聘、虎牙直播、小鹏汽车
高榕资本	张震（创始合伙人）	拼多多、得物App

续表

名称	投资人	典型投资
海纳亚洲创投	龚挺（董事总经理）	字节跳动、闪送
红杉中国	郭山汕（合伙人）	拼多多、中通快递、得物App
红杉中国	刘星（合伙人）	中通快递、唯品会、贝壳
红杉中国	孙谦（合伙人）	美团、滴滴出行、喜茶
联想创投	贺志强（总裁、管理合伙人）	蔚来汽车、宁德时代
君联资本	李家庆（总裁）	哔哩哔哩、宁德时代、先导智能
IDG资本	李骁军（合伙人）	小米集团、拼多多
IDG资本	连盟（合伙人）	科沃斯、喜茶
达晨财智	刘昼（创始合伙人、董事长）	爱尔眼科、尚品宅配
深创投	马楠（副总裁）	易瑞生物、珠海冠宇、倍轻松
弘晖基金	王晖（创始人、CEO）	迈瑞医疗、博瑞医药
今日资本	徐新（创始人、总裁）	BOSS直聘、叮咚买菜、良品铺子
钟鼎资本	严力（创始合伙人、CEO）	晨光文具、小鹏汽车、货拉拉
赛富投资基金	阎焱（创始管理合伙人）	知乎、天下秀
中金资本	单俊葆（总裁）	蔚来汽车、寒武纪、商汤科技
大钲资本	黎辉（董事长、CEO）	小鹏汽车、瑞幸咖啡、泰邦生物
CMC资本	黎瑞刚（创始合伙人）	哔哩哔哩、快手
加华资本	宋向前（创始合伙人、董事长）	今麦郎、东鹏饮料、老乡鸡
……	……	……

创业者要做的不是简单地复制粘贴整个名单，而是要仔细研究这些天使投资人的背景、投资经历和投资风格。找出和自己的企业经营理念比较合拍的天使投资人，列出一份更有针对性的“天使红榜”。

必须提防四类“黑天使”

有些投资人只是有个“天使”的名义，实际上并不是创业者所应寻找的“天使”。如果与“黑天使”形成投融关系，不仅不能给企业经营带来助益，还可能会将企业带入深渊。下面来看看创业者必须提防的四类“黑天使”：

（1）干预型投资人——主要表现为投资一家企业后，投资人为了体现自我价值，不断干预企业创业者（团队）的经营管理，尤其对管理层的决策百般挑剔。干预型投资人的自我展现欲望太强，希望所投企业以其意志为转移，最后的结果就是合作难以继续。

（2）控制型投资人——主要表现为进行融资谈判时，会要求签订对赌条款，且条款内容相当苛刻。在融资后会等待创业者（团队）犯错误或无法实现对赌条款，此时他们会拿出对赌协议要求得到对所投企业更大的控制权，甚至直接挤走创业者及团队。

（3）假扮型投资人——主要表现是扮成律师或会计师，但根本不是为了投资，只是为了诱使创业者（团队）签署介绍真正投资人的收费协议。但其介绍的真正投资人，往往禁不起尽职调查，通常是有窃取商业机密或侵夺控制权的目的。

（4）土大款型投资人——主要表现为缺乏商业精英该有的样子，除了有经济能力，对于投融资不具有常识性认知，对于预投的创业项目领域内的专业知识更是一窍不通，且所关注的问题非常肤浅，且常对投资抱有不切实际的回报幻想，对创业过程的困难不做准备，甚至根本不想承担投资失败的利益损失。

事实上，“黑天使”到处都有，那么如何避免与他们形成投融资关系呢？那就是尽可能接受可信的个人投资或专业的天使投资机构的投资。即便如此，也要在业内进行尽职调查，还要让律师来写最初的投资文件或长期负债表，而不是交给投资人去写。

总之，专业的天使投资人、企业家、种子基金、业内技术大牛或业内高管、专业的天使投资机构，才是创业者寻找天使投资的最好选择。

↘与“天使”建立联系

通过可靠的“第三方”推荐

在与投资人接触的过程中，运用一些人脉加成可以增加目标投资人对创业者的好感，从而提高投资成功率和提升投资数额。

比如通过可靠的“第三方”向投资方和融资方两相推荐，也就是这个“第三方”同时是天使投资人和创业者都熟悉且有信用保底的人，其在中间了解到创业者需要资金，而天使投资人渴望找到投资机会，经过其牵线搭桥，投融双方得以建立关系。

能在投融资双方中间建立联系的“第三方”现实中有很多，但一定要注意其前缀必须加上“可靠”，创业者在找资金时不能“病急乱投医”，企业得了缺钱的病是可以治的，但若是因为乱投医而耽误了病情，就不容易治了。

通过邮件直接联系陌生“天使”

相比较线下与天使投资人建立联系的不确定性，线上联系天使投资人有时会显得目标范围更加精准，因为这样的方式可以先行了解而提高了确定性。但线上联系比线下联系降低的是天使投资人的回复概率，毕竟投资不是撒大网，天使投资人需要通过团队对创业者进行筛选，因此不可能回复每一个与其取得联系的创业者。

线上联系天使投资人的一个重要途径是通过邮件直接联系，通常天使投资人的邮箱都是对外公开的，创业者可以将商业计划书发送给投资人。

虽然，通过线上联系天使投资人的有效性不高，但因为所联系的天使投资人都是经过自己精心挑选的，如果获得成功，则几乎都是高质量的资金注入。

创投微信群，发需求信息寻找“天使”

线上联系天使投资人不止发送邮件一种方式，还可以通过微信群寻找“天使”，但这种融资方式有个前提，就是微信融资消息的发布者需要具备一定的名气或影响力。

电影《大圣归来》的出品人路伟在影片进入最后宣传发行阶段时，在微信发了一条朋友圈为《大圣归来》融资。路伟用寥寥数语说明《大圣归来》是一部动画片，预计2015年春节档上映，作为出品人，路伟做出保底分红的决策。从每天上午11时50分开始，一直到下午3时许，历时一星期，有89位朋友加入了名为“大圣”的融资微信群，共筹集资金780万元。这些投资者以个人名义直接入股了《大圣归来》的领先出品方“天空之城”，参与到这个合计投资约6000万元的电影项目中。

创业者打动“天使”的必备条件

创业者打动天使投资人需要具备多项过硬的条件：

1. 成功的项目运营经验

为什么投资者更加青睐此前有成功的项目运营经验的创业者呢？

一方面，是通过成功运营的经历可以看出创业者的能力和人品，只有智勇双全的人才能带来团队走向成功；另一方面，是由于成功的运营经验会使创业者在接下来的创业过程中减少阻力，使得创业项目的成功率提升。

2. 有成功经历的连续创业者

所谓连续创业者，是那些连续成功或失败地操作过不止一个创业项目或商业运营模式的一批人。在“创客”时代，连续创业者越来越多，但具有成功经历的连续创业者却并不多，大部分是一而再再而三地失败。因此，那些有成功经历的连续创业者自然具有吸引投资人的优势：

（1）有成功经历的连续创业者同时拥有丰富的成功经验和失败教训，因此在选择项目时考虑得更加全面，其操作的项目会更加成熟。

（2）有成功经历的连续创业者具有较为成熟的企业运作经验，能够准确表达出项目的亮点、预算出项目的支出与收益。

（3）有成功经历的连续创业者对项目资金的把控更加成熟，对获得融资后的管理、运用、回笼都有详细可行的计划。

3. 有专利或独特的技术

如果创业者所选择的创业项目有自己的专利或独特的技术，会更容易吸引到投资人，因为专利或独特的技术说明项目具有一定的门槛，往低预估在竞争激励的市场不至于很快被同质掉，往高预估则有可能成为企业突破竞争围笼的撒手锏。

↘ 路演与制作PPT

路演与制作 PPT 是寻找与接触天使投资人的重要环节，一次漂亮的路演再加上内容翔实到位的 PPT，可以极大地提升获得投资的概率。

制定阶段性目标

融资是创业过程中极为重要的环节，不能走一步看一步，而是要制定出阶段性目标，以此调整融资策略。

比如，企业现阶段的融资目标是获得资金，那么就要扩大接触投资人的范围，以量变形成质变。毕竟创业期企业想要一次性获得足够的资金是不现实的，一个“天使”不能彻底改变缺钱的现状，但若干个“天使”就能改变了。

比如，企业现阶段的融资目标是获得天使投资人背后的资源和背书，那么少数几个具有高度战略意义的天使投资人就够了。此时需要针对每个天使投资人制订不同的接触方案，以分别适用。

无论是哪种融资目标，联系、接触投资人都必须根据投资人的不同情况进行不同的调整，通常包括三个方面（见图 5-1）。

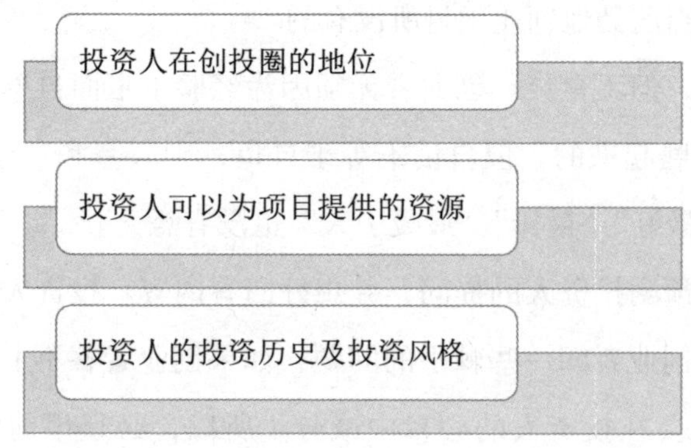

图5-1　影响与投资人接触的因素

参加创业孵化器路演

创业孵化器是为初创企业提供免费或廉价的办公场地、设备，甚至是咨询意见和资金的企业。大多数创业孵化器由非营利性组织和风险投资人创建，创业孵化器路演活动由创业孵化器主办，一般都会邀请众多创业导师、天使投资人作为嘉宾，符合条件的创业者都可以报名参加。

路演时，创业孵化器一方作为主持人，创业者负责对自身项目的市场前景、商业模式、团队情况等进行讲解，创业导师、投资人会与之交流，探讨项目。

与商业计划书的全面详尽不同，创业孵化器路演更为简短精练。想要融资的创业者只需做好这五个方面，就能展现一场出色的创业孵化器路演。

（1）PPT 的时长。路演一定会用到 PPT，在使用时需要注意三个方面：①以最短的时间阐述清楚核心；②不要卡住演讲的时间上限；③每一张幻灯片的停留时间不要超过半分钟。

（2）讲述创业或从业经历。以故事的方式简短介绍自己的创业或从业经历，能够给投资人留下深刻印象。

（3）突出项目的不同。演讲不要全包括，只需重点阐述项目有什么特点，有什么是当前其他创业项目所没有的。

（4）自信，但不自负。创业者无须因为经验不足而自卑，再大的企业也是一步步发展起来的。但自信不等于自负，别人夸和自夸是两个概念，自己说再多“最好”“最棒”“最吸引人”也没有意义。

（5）提前预测投资人的提问，并想好回答内容。投资人越感兴趣的项目，越是会向创业者问一些棘手的问题，如果创业者答不上来或者回答得不到位，自然会在投资人的心目中减分。所以，必须事前做好准备，将可能被提问的关键点提炼出来，加以总结，回答时才能不卑不亢、从容不迫。

九张 PPT，实现完美路演

路演时必须有演示文稿，几乎都以 PPT 形式呈现。一份好的 PPT 一定不能是在网上东拼西凑的内容，而是以实验、调查的数据为基础，有经过充分研究得出的企业前景和融资数据，能够为潜在投资人讲述一个逻辑清晰、通顺的故事。

一个好的路演 PPT 通常由以下幻灯片构成：

（1）问题 / 痛点幻灯片。着重强调问题而非解决方案，以让投资人明白产品 / 服务可以解决哪些问题。因此，此张幻灯片要做的就是尽可能简洁地阐明这些问题：①问题 / 痛点是什么？②创业者如何知道这是一个什么问题？③有专业的研究数据支持这个问题吗？④为谁解决这个问题？

（2）解决方案幻灯片。讲述如何解决问题：①现在常用的其他解决方案是什么？②为什么那些常用解决方案不能真正解决问题？③本项目的解决方案是什么？④本项目的解决方案比其他常用解决方案好在哪里？⑤本项目的解决方案最终能带来什么好处？

（3）数据验证幻灯片。大多数投资人对产品的细节并不是特别关注，而是凭借具体的数据参数来判断创业企业是否值得投资。因此，此张幻灯片应该包含：①项目当下有多少付费用户？②项目当下每月或每年的收入？③项目当下每月的业务增长量？④项目当下是否获得利润？⑤项目当下有合作伙伴吗？⑥项目当下有来自用户的嘉奖或高的净值推荐吗？

（4）产品幻灯片。为投资人进行产品演示：①在不透露过多细节的基础上解释产品是如何工作的？②产品如何为客户带来价值？

（5）市场分析幻灯片。要考虑市场总量（TAM）、可服务市场总量（SAM）、实际可服务市场总量（SOM）三个方面：① TAM、SAM、SOM 分别有多大？②用户画像及谁是早期用户？③生命周期价值与获得成本各是多少？④用户流失率是多少？

（6）竞争分析幻灯片。展示获得市场的信心以及当前客户的满意度和忠诚度：①怎样的市场定位？②如何赚钱？③商业模式是否经过实验验证或案例研究？④如何应对竞争对手抢夺市场份额？⑤如何变得比竞争对手更优秀？

（7）推广策略幻灯片。向投资人展示已经确定的用户获得渠道：①如何让产品出现在用户面前？②基于当前资源的推广渠道有哪些？③做了哪些工作来验证当下渠道的推广效率？

（8）融资需求幻灯片。创业者要让投资人知道本项目需要获得多少资金才能实现商业目标。因此，此张幻灯片要阐明的问题为：①需要多少资金来验证商业模式？②企业所余资金还能维持多久？③所融资金将如何分配？④资金将重点用在哪方面？

（9）团队与愿景幻灯片。要向投资人介绍创业团队的当下情况与长期愿景：①团队里都有谁？②团队成员有哪些相关技能和经验？③团队成员过去一起做过什么？④团队成员间有过怎样愉快合作的事情？⑤团队顾问的经验与所需解决的问题间有什么关系？⑥团队及企业的愿景是什么？⑦是什么激励着团队去实现愿景？

第六章　股权众筹

↘ 是否适合股权众筹

股权众筹是企业基于互联网渠道，面向普通投资者出让一定比例的股份，投资者通过出资入股企业，获得未来收益的融资模式，也可以解释为“私募股权互联网化”。

股权众筹从有无担保的角度来说，一般分为无担保股权众筹和有担保股权众筹。投资人在进行众筹投资的过程中，如果没有第三方公司提供相关权益问题的担保责任，就是无担保股权众筹；股权众筹项目在进行众筹的同时，如果有第三方公司提供相关权益问题的固定期限的担保，就是有担保股权众筹。截至目前，国内基本上都是无担保股权众筹。

股权众筹是一种较新型的融资渠道，是多层次资本市场的一部分。与传统创业融资环境中的高门槛融资选择不同，股权众筹为很多有创意、无资金的创业者提供了一种低门槛的融资方式。

虽然股权众筹比传统融资方式的门槛低，但也不是所有项目都能运用的融资方式，仍然需要创业团队和项目具备一些必要的条件。

项目方的角度分析

数据统计结果显示，只有不到 10% 的股权众筹项目能通过审核，这其中则有 70% 的项目无法成功融资。也就是说，最后成功获得股权融资的项目与申请股权众筹的项目的比例为 30% 左右，如有 100 个申请股权众筹的项目，能通过的为 10 个左右，成功的约为 3 个。

如何成为幸运的 30% 呢？靠运气是不行的，企业需要满足一定的条件：

（1）团队搭建完备。一个搭建好的创业团队应包括领导者、技术人员、财务人员、营销人员、资深人士五种人才。虽然受企业所属行业和创业具体情况所限，可能暂时无法实现“五合一”，但至少也应是“四合一”，再少则属于团队搭建不够完备。

（2）以前期项目为主。股权众筹平台一般不接受发展期或者中后期的项目，因为当企业经过了种子轮和天使轮融资，估值已经相对拉高了，此时进行股权众筹则有极大可能会失败。

（3）融资额度不能太大。在设定众筹金额时不能太贪婪，融资到的钱是用来发展企业的，不是用来一夜暴富的。融资金额设定在 5 万 ~ 500 万元之间比较合理，这样既能帮助企业发展，又不至于因金额过大导致融资失败。

（4）项目专业度不能太强。股权众筹面向的是普通投资者，投资者根据自己的分析判断在线上做出投资决定，若是项目所在领域过于“生僻”，普通投资者便不能做出投资判断。

（5）投资周期不能过于漫长。参与股权众筹的投资者普遍都难以接受漫长的投资周期，若是回报期长的项目，如医药研发、新材料等就不适合进行股权众筹。

投资方的角度分析

如今，无论是行业内的专业人士，还是行业外的非专业人士，都看到了股权众筹的广阔前景，但值得注意的是，并不是每个普通投资者都适合参与股权众筹。

投资者参与股权众筹通常需要满足以下三个条件：

（1）具有较强的风险承受能力。做投资的第一要素就是能够承受风险，股权众筹虽然投入的资金不多，但也属于高风险投资，投资者必须在充分了解众筹项目风险，并预估可承担的情况下进行投资。不建议以资产配置的方式参与股权众筹投资，更不建议以赌博或发家致富的心理状态参与股权众筹投资。

（2）具有一定的项目把控能力。股权众筹行业的项目都是有风险的，因此要求投资者具有一定的项目把控能力。投资者可以进行线下实地考察，对相关行业进行调查，分析项目的未来发展潜力、收益状况及盈利优势，找准投资时机，投资优质项目。

（3）熟知股权众筹行业相关法律法规。投资者在投入资金前需要对众筹项目的行为进行法律核查，在投入资金后也不能任由项目失控，仍要采取一定的监督行为，当发现众筹项目方违反相关法律法规的规定，就要依法维护自身利益。

↘ 三种操作模式

领投 + 跟投模式

“领投 + 跟投模式”也被称为“Syndicates（辛迪加）模式”，是股权众筹的主流模式。经过认证的单个投资人作为领投人负责挑选和审核项目，并且首先投资所选定项目融资额的一定比例，其余融资额由众多跟投人抱团投资。在项目融资成功后，领投人需要对其余跟投人的投资资金进行后续监督和管理，同时获得高于跟投人的投资收益报酬。

领投与跟投模式的核心在于“领”和“跟”，从领投人角度切入与从跟投人角度切入，可以看到不同的投资场景。

1. 领投人角度

（1）领投人通常在某个领域具有一定优势，可以利用自身的专业能力判断项目的优劣。

（2）领投人通过与众多跟投人联合投资，降低了投资额度和投资风险。

（3）领投人通过分享专业能力与经验得到了更多的投资收益。

2. 跟投人角度

（1）跟投人大多不具备专业能力和专业投资经验，跟投让这些普通投资人省去了审核项目、挑选项目和调查项目的时间成本，也大幅度降低了投资风险。

（2）与传统风险投资——有限合伙的有限合伙人需交 2% 左右的资金管理费不同，股权众筹的跟投人无须向领投人支付资金管理费。

领投 + 跟投模式对创业项目具有极大的推动作用，因为领投人对项目的审核与后期监督，使得投资的前、中、后期都有一个很好的把握，投资人的回报也有更多的保障（见图 6–1）。

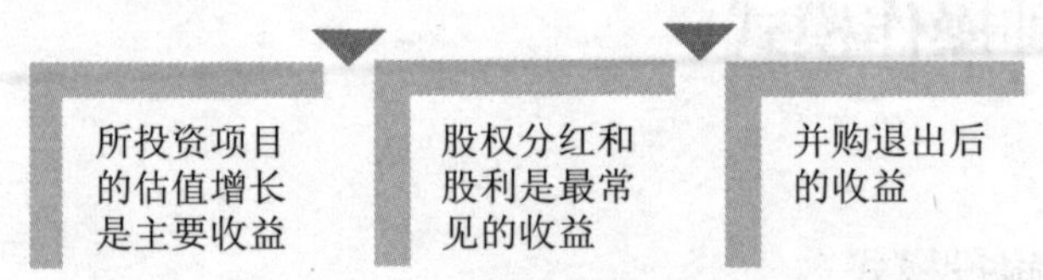

图6–1　领投与跟投模式中投资人的投资回报

联合投资模式

联合投资模式也称“集合投资”，没有领投人与跟投人之分，所有投资人的投资金额都是相等的，每一位投资人所能得到的回报也是相等的，对应的所承担的风险同样相等。

某创业公司在某股权众筹平台上众筹100万元，共有50名投资人参与投资，每一位投资人的投资金额必须是2万元。如果该公司在两年后实现A轮融资，估值也做到了原来的6倍，50名投资人可成功退出。计算得出，每名投资人可以获得12万元，投资收益为每人8万元。

采用联合投资模式的好处是，投资人均摊投资、均摊利益、均摊风险，投资人之间没有利益差。但弊端是没有专业领投人，投资具有一定的盲目性。

远期定价模式

远期定价模式是指融资企业先融资后定价。由股权众筹平台与顶级投资机构合作，先行进行资金募集，然后选择A轮融资后的优质企业，与其签订投融资协议，将募集到的资金以借款名义汇入融资企业。

如果获得众筹资金的企业能够在规定时间内获得下一轮融资，则众筹资金将按照新估值转化为股份；如果获得众筹资金的企业没能在规定时间内完成下一轮融资，则既可以按照约定价格回购投资额度，也可以按照上轮估值或约定估值折算成股份。

远期定价模式看重的是优质企业或项目，这使得股权众筹平台不再是大型风险投资机构的附属，而是能够与其建立平等互利关系的合作伙伴。

↘ 项目计划书的四个明确

像其他融资方式一样，实施股权众筹运作也需要融资者给投资者提供一份关于融资项目的商业计划书。而且由于股权众筹项目是面向大众募集资金，因此在计划书上要求披露的信息需要更加完整、规范，还需要针对众筹这一特征，附加一些特定的说明。

明确融资范围

企业在设定股权众筹目标之前，要先做好分析预测工作，确定多少额度是最合适的。鉴于股权众筹项目面向大众融资的特殊性，即便融资未能达到预期，也会筹集到一部分资金，如果融资成功，则往往预示着超过预期，所以，企业在发起众筹之前要先确定融资的可接受范围——低于预期多少则为失败，高于预期多少则不再接受认筹。

某公司决定出让10%股份，认筹100万元（每10万元等于1%股份）。公司确定：如果项目最终融资达到60万元，则视为众筹成功，出让相对应的股份。如果项目融资超过120万元，则停止众筹，出让相对应的股份。

明确对投资者的要求

股权众筹一般是“领投＋跟投模式”，所以企业在设计股权众筹项目计划书时，需要明确对领投人与跟投人的要求。

1. 对领投人的要求

目前，通过股权众筹方式入股筹资企业的方式一般为：全部投资者共同成立一个有限合伙企业，由有限合伙企业持有筹资企业的股权。

领投人作为有限合伙企业的普通合伙人，代表有限合伙企业进入筹资企业的董事会，履行投资方的投后管理责任。因领投人需要在董事会占据一席之地，拥有投票权，因此筹资企业必须对其做出严格规定，一般来说有如下规定：

（1）具有一定的经济基础。

（2）具有一定的抗风险能力。

（3）具有相关领域的知识与经验。

（4）具有市场推广和品牌宣传的业务渠道。

（5）具有发展规划和估值拟定的专业能力。

（6）具有分享精神。

2. 对跟投人的要求

根据《合伙企业法》的规定，有限合伙企业由两个以上五十个以下合伙人设立，因此跟投人不能超过四十九人。实际操作中，融资企业可以根据实际情况设定跟投人数范围与认筹额度范围，同时对跟投人提出一定要求。一般来说，可以提出以下几点要求：

（1）具有一定的经济基础。

（2）具有一定的抗风险能力。

（3）掌握投资行业的相关知识。

（4）有信心支撑项目长期发展。

明确项目盈利能力

不管是企业通过众筹融资，还是投资者通过众筹投资，二者目的相同——获得收益。

通过股权众筹获得收益的前提是众筹项目实现股权增值，即众筹项目实现盈利预期。所以，在股权众筹商业计划书中，需明确地展示出融资企业发起的该众筹项目的盈利能力，最好写清楚具体的盈利模式和盈利点，包括项目有多少个盈利点，分别是什么，各具什么优势，竞争对手的情况等。让投资者能够清楚地看到投资后可以获得的预期回报，以提高投资者的投资意愿，便于更多地吸引到投资金额。

明确投资风险控制

在明确强调盈利能力的同时，融资企业还要进行风险控制，不能只看到利益，看不到风险。

通常情况下，股权众筹投资者在确定投资某项目后，会对该项目进行多轮访谈。在签订合伙企业协议之后，投资者会把投资款打到融资企业相应的账户中。因此，虽然融资企业对投资者进行筛选，但仍然是投资者在决定是否投资这个问题上掌握着优先权。从投资者有意愿投资到洽谈投资意向，再到最终签订投资协议，会经历一个比较长的周期，在这个过程中投资者随时可能变更投资意向。

诚信管理可以最大限度地解决这个问题，从而提高整个众筹过程的效率及规范性。不同的股权众筹平台有各自的诚信管理机制，如诚信评分机制、保证金制度。

↘ 五个主要步骤

目前股权众筹的操作流程由于项目和平台的差异，在顺序上或过程中会有变更，但基本流程如下所述。

项目筛选与创业者约谈

作为投资方，如何低成本、高效率地筛选出优质项目是参与股权众筹的第一步。作为融资企业如何让投资方确认自己是优质的可投资项目，需要具备以下六个条件：

（1）融资企业创始人要有敢想敢做的勇气和面对苦难百折不挠的意志力。

（2）融资企业需组建一个能力、资源互补的团队。

（3）融资企业的股权架构必须进行合理设计。

（4）融资企业所在行业的市场要具备一定的拓展空间。

（5）融资项目启动两年内，市场大概能够容纳的同类型企业数量。

（6）融资项目的商业模式在逻辑上必须成立，且能够落地实现。

与融资企业创始人的面对面沟通是决定投资方最终是否投资的关键，这关乎投资方对创始人本人的评估和对所融资项目的评估。通过对创业者约谈的总结，可以得出如下一些融资企业创始人必须具备的关键要素：

（1）独特的产品构思——想要构建出被市场认可的产品，必须跳出同质化思维。

（2）经验与能力——创始人及其团队的专业能力、执行能力与累积经验。

（3）人才影响力——组建多功能、复合型的人才队伍，并能吸引人才加盟与留住人才。

（4）心理因素——具备驱动项目逆势而上的动力和强烈的成功欲望。

（5）价值观——创始人信念与企业经营理念高度融合。

（6）诚信度——创始人对企业的经营导向。

（7）洞察力——创始人对市场信息的捕捉能力。

（8）预见力——创始人是否具备走一步看几步的预判能力。

（9）判断力——创始人对市场、产品、人才的判断和决策能力。

确定领投与引进跟投

因为目前股权众筹多采用“领投＋跟投模式”，因此融资企业对于领投人和跟投人的选择非常重要。

1. 确定领投人

优秀的领投人通常为职业投资人，在某个领域或多个领域有丰富的专业能力、判断能力、行业资源和投资经验，其自身影响力也不容小觑。能够专业地协助项目完善 BP（商业计划书）、确定估值、投资条款和融资额、协助路演，完成本轮跟投融资。因此，项目领投人必须具备以下资格：

（1）至少投资过一个金额在 20 万元以上的股权投资项目。

（2）至少有一次成功的股权投资退出经历。

（3）个人名下金融资产（银行存款、股票、债券、基金份额、资产管理计划、银行理财产品、信托计划、保险产品、期货权益等）市值在300万元以上，或者最近三年个人年均收入不低于50万元。

（4）机构领头人净资产不得低于1000万元。

2. 引进跟投人

跟投人在股权众筹过程中虽然出资额度小，但因为人数多，如果管理不善，同样会引发诸多问题，因此跟投人的资格要求如下：

（1）个人金融净资产在100万元以上，或者个人年收入高于30万元。

（2）专业投资机构的专业投资经理人。

（3）自主申请并获得领投人认可。

签订投资意向书

当投资方确定投资意向后，会和融资企业创始人签署一份投资意向书。值得注意的是，这份投资意向书只是投资方与创始人之间的一份保密或排他协议，不涉及投资的具体条款，因此，投资意向书本身并不对签署双方产生全面约束力。

投资意向书主要约定五个方面的内容：

（1）价格条款：投资方对融资企业进行估值和计划投资的金额。

（2）股权条款：融资企业预计出让的股份比例。

（3）义务条款：融资企业应负的主要义务。

（4）权利条款：投资方要求得到并被接受的主要权利。

（5）控制条款：投资方获得的包括董事会席位、企业治理等方面的权利。

设立有限合伙企业或签订代持协议

在股权众筹过程中，领投人与跟投人入股融资企业的方式通常分为两种：

（1）投资方设立有限合伙企业，以基金形式入股融资企业，领投人作为有限合伙企业的普通合伙人，跟投人作为有限合伙企业的有限合伙人。

（2）投资方通过签订代持协议入股融资企业，领投人负责股权代持并担任融资企业董事。

以上两种形式的区别在于，前者只在自己出资范围内承担责任，且不从事融资企业的经营管理活动。后者则是参与到融资企业的经营管理中，所承担的责任将以所签署的众筹融资合同中的规定为准。

签订正式投资协议

正式投资协议是股权众筹的关键内容，主要规定投资方支付投资款的义务及其付款后应获得的股东权利，并进一步规定了融资企业及创始人的权利与义务。具体规定如下：

（1）交易结构——投资方与融资企业以何种方式达成交易，包括投资方式、投资价格、交割安排等。

（2）先决条件——鉴于融资企业与原股东可能存在一些未落实的事项，因此在投资协议中需约定对相关方相关事项的控制。

（3）承诺与保证——对于投资协议签署之日至投资完成之日的期间内，可能发生的妨碍交易或有损投资方利益的情形，需在投资协议中约定由融资企业及其原股东承担，并做出承诺。

（4）企业治理——投资方可与融资企业的原股东就企业治理的原则和措施进行约定，如董事、监事、高管人员的提名权；股东大会、董事会的权限和议事规则；分配红利的方式；保护投资方的知情权；禁止同业竞争；限制关联交易；关键人员竞业限制等。

（5）估值调整——也称“对赌条款”，融资企业控股股东向投资方做出承诺：①未实现约定的经营指标；②未实现上市、挂牌或被并购目标；③其他影响估值的情形。如果有这三种情况，投资方可对约定的投资价格进行调整或者提前退出。

（6）反稀释——通常融资企业会在日后再次进行多轮融资，为防止投资方持股比例被稀释或大量稀释，要在投资协议中加入约定反稀释条款，包括对持股比例底线的约定和优先认购权的约定等。

（7）出售权——当融资企业基本丧失投资价值时，投资方可出售股权，提前退出。

↘ 六个常见问题

股权众筹经过前期的高速发展，已经度过了初期探索阶段，开始向成熟期阶段发展。这期间仍有一些关键性问题需要解决，需要融资企业引起重视。

项目定位问题

参与股权众筹的创业项目需要认真考虑自身定位，如果在早期阶段不能准确定位，不能挖掘出市场需求与痛点，不仅难以获得投资人青睐，还会影响到后续发展。

想要获得清晰的定位，就需要融资企业创始人或创始团队进行一些必要的思考，如我的产品/服务与其他竞争对手有何不同？用户选择我的产品/服务的理由是什么？目标用户的痛点是什么？目标用户会因为痛点产生什么样的情绪？

上述问题并非项目定位的全部。融资企业需根据自身实际情况，对比自己与竞争对手的长处和短处，通过回答上述问题，实现项目的清晰定位。

同时，股权众筹平台作为股权众筹的重要参与方，也需要有清晰的定位，以此找准自己的盈利模式。

利益设定问题

利益设定不能简单理解为赚钱模式，它其实是交易结构、交易流程、产品模式、市场模式、收入模式等一系列要素的综合体。

根据股权众筹多采用“领投＋跟投模式”，因此股权众筹模式中实际存在四方核心利益相关者，即平台、领投人、跟投人、融资企业。其中，平台属于纯获利方，通过为投融资双方提供众筹平台而获利；融资企业属于代偿获利方，在当下获得资金，要在将来进行利益回馈；领投人和跟投人属于输出方和获利方共体，在当下输出资本，在未来收获回报。

因此，四方利益相关者分为三个群体，如同一个三角形的三个角，各方都要从中获得公平合理的利益分配，三角形才能成立。

投资操作问题

股权众筹的投资操作模式，具体可分为以下四种：

（1）有限合伙模式：根据投资人人数决定设立合伙体的人数，富有经验的投资人为普通合伙人，其他投资人为有限合伙人。然后由有限合伙体作为投资主体直接投资于融资企业，成为其股东。

（2）契约基金模式：由基金管理公司发起设立契约型基金，基金管理公司作为管理人与其他投资人签订契约型投资合同，然后由该公司直接作为投资主体投资于融资企业，成为其股东（见图6-2）。

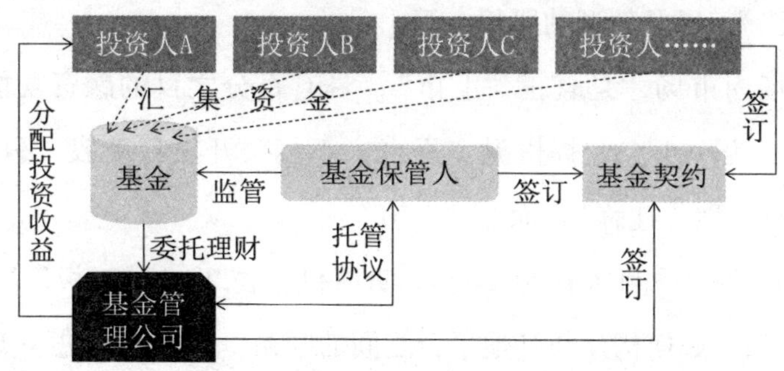

图6-2 契约基金模式的运作流程

（3）代持模式：在众多投资人中选取少数投资人和其他投资人签订股权代持协议，由少数投资人成为融资企业的登记股东。

（4）公司模式：由投资人设立公司，再由公司作为投资主体投资于融资企业，并成为融资企业的登记股东。

信息保护问题

作为信息服务平台，股权众筹平台将会获知融资企业的创业计划/项目计划和商业模式，以及投资人的身份信息、收入信息等相关隐秘信息。如果股权众筹平台无法保护投融双方的信息，必然会造成信息和隐私泄露，威胁投资方和融资方的切身利益。为了维护投融双方的利益，也为了保护平台的公信力，避免给投融双方和平台自身造成不必要的损失，股权众筹平台必须制定相关的章程和制度来保护三方的隐秘信息不被泄露。

平台衔接问题

现阶段，我国多层次资本市场由高到低排列分为交易所市场和场外市场两大类。

交易所市场包括主板、中小板（“一板”）、创业板（“二板”）。

场外市场包括代办股份转让系统（“三板”）、全国中小企业股份转让系统（即“新三板”）、区域股权交易市场（即“四板”）、产权交易所市场（即“五板”），以及新型的股权众筹。

进入场内市场才是真正“上市”，具有百分之百的融资功能。“新三板”更多是为中小企业提供融资平台，不能公开发行新股，只能定向增发，因此只能称“挂牌”，而非“上市”。

股权众筹的项目大部分属于早期项目，位于“新三板”“四板”和“五板”之间，如何构建与其他平台之间的联系，目前仍需进一步探索。

纠纷处理问题

凡是涉及权利的，必然会导致利益纠纷的出现。对于全过程都与利益相关的股权众筹，出现纠纷的情况是常见的，这也是所有投融资过程都会遭遇的麻烦。通常股权众筹会存在三大类纠纷：

（1）平台与投资方、融资方之间的三方纠纷。

（2）投资方与融资方之间的投融纠纷。

（3）领投人与跟投人之间的利益纠纷。

第七章　风险融资（VC）

↘ VC融资概述

风险投资机构的类型

哪些类型的 VC 机构会参与哪些轮次的投资呢？

（1）微型 VC 基金——通常是只有一位普通合伙人的小规模风险投资机构，每支基金的总规模一般不超过 1500 万美元，多数跟其他微型 VC 机构、天使投资人合投，几乎只投资处于种子期和早期阶段的创业企业。

（2）种子期基金——比微型 VC 基金规模大一些，但一般不超过 1.5 亿美元。它一般专注于成为创业企业的“第一笔来自机构的资金”，极少投资 A 轮以后的企业。常用做法是在所投企业的董事会占据一个席位。

（3）早期基金——规模通常为 1.5 亿 ~ 3 亿美元，主要投资处于种子期和 A 轮阶段的企业，偶尔也参与 B 轮投资。它的常用的做法是在所投企业的后续融资中按照等比例原则追加投资。

（4）中期基金——规模通常为 3 亿 ~ 10 亿美元，主要投资于 B 轮及之后的轮次，投资时点主要选择在融资企业的商业模式已经清晰但需要资金注入加速发展或维持成长性时，因此也被称为“成长期投资人”。

（5）后期基金——规模在10亿美元以上，投资时点主要选择在融资企业已经获得成功并完成其预计的IPO之前的最后一次融资时。它可以是专门的后期VC基金，也可以是对冲基金或主要从事二级市场投资的跨界投资人，还可以是与大型银行相关的基金以及主权财富基金。

尽职调查材料与内容

如果一家VC机构给融资企业出具了一份条款清单，接下来会通过律师要求融资企业提供一系列文件，如资本结构表、重要的客户协议、员工聘用合同等。在正式的尽职调查过程中，需要提供的材料清单会更长，实际需要的材料数量取决于融资企业的运营时间。即便是一家刚成立的企业，如果想获得融资，也必须准备好相关文件，以便在投资方需要时可以迅速提交，不至于因为交不出材料而拖延融资进程，甚至导致融资事宜失败。

记住，永远不要试图在融资材料中隐藏任何事情，虽然融资者都想努力展示企业最好的一面，但也要确保已经清晰地展示出了所有问题。即便VC在开始时忽略了某些问题，也要设想其在某个阶段会突然想起来。

VC尽职调查通常包括以下内容：

1. 企业基本信息

（1）注册文件、公司章程及修改。

（2）董事会和股东会会议记录及决议。

（3）历史交易，包括并购重组和其他已完成的重大交易。

（4）业务许可和授权、税务登记证书及其他经政府批准的证书和许可。

（5）股权结构信息。

（6）董事、高管名单。

（7）子公司、分公司和代表处图表。

2. 财务信息

（1）资产负债表。

（2）现金流量表。

（3）利润表。

（4）损益表。

3. 资产、知识产权和设备

（1）自有或租赁不动产清单。

（2）自有或租赁其他财产清单。

（3）专利、商标、著作权、域名和其他知识产权清单，包括转让协议和许可协议。

4. 重大合同

（1）经营合同（包括供应合同、购买合同）。

（2）与高管、股东、债权人之间的关联协议。

（3）关于并购重组和重大资产处置的合同。

（4）其他向潜在投资者披露经营和财务状况时必需的重大合同、备忘录。

（5）与股东、员工之间的竞业禁止协议和保密协议。

（6）与财务顾问之间的协议。

（7）信贷协议、抵押协议。

5. 员工

（1）企业组织结构图。

（2）核心员工名单。

（3）与管理层、员工之间签订的合同。

（4）管理层的外部任职。

此外，如果融资企业有关于保险和诉讼方面的事情，也会一并纳入尽职调查范围内，且根据实际情况确定调查力度。

寻找合适 VC

找 VC 和找天使投资人类似，最好的办法是通过可靠的第三方引荐，或者是朋友，或者是其他创业者。他们能够提供最直接的信息，比如他们喜欢跟哪家 VC 合作，哪家 VC 在他们的创业过程中提供过帮助。

如果上述办法行不通，就要自行发掘机会了。如今，VC 都有网站和邮箱地址，随时恭候融资对象的到来。但获得 VC 的联系方式只是万里长征迈出的第一步，能否通过网上联系获得 VC 的反馈，又能否通过反馈交流获得面谈的机会，再通过面谈拿到融资，这些才是确定能否顺利完成融资征途的关键环节。

VC 投资机构有很多，创业者要有的放矢进行精准联络，这样才可以节省时间和精力，同时也有助于摸准 VC 的投资倾向、投资方法和投资策略。如果 VC 投资人在社交媒体上有账号，可以通过“先了解 VC 投资人再选择 VC”的筛选联系方式，比如 VC 投资人的投资理念、个人爱好、创业经历、发表过的文章等。通过个人层面的提建议和互动原则，并遵循建立人际关系的最优法则——多给予，少索取，结合一条简单的方法——想要融资，先向他们寻求建议。尝试和 VC 建立一种随着时间而演变的关系，而不是把融资视为一种单一的、与交易相关的体验。虽然这个过程看起来有些麻烦，但以社交媒体作为结识 VC 的起点，确实对建立关系十分有效。

VC 不追求成功率而是赔率

对于偏后期的 PE 投资，因为投资金额很大，其内部的投资决策，首先考虑的是保证投资的成功率，也就是要控制失败率。因此，PE 机构对融资企业的成熟度有比较高的要求，对应的成长空间和回报潜力的要求会降低。

对于偏早期的 VC 投资，投资的成功率不等于最后的回报率，因此收益率比成功率重要。如果某家 VC 机构投资了几十家公司，但只有一家获得了巨大的成功，那也是非常好的成绩，因为该机构不仅赢得了理想的回报，还在业内奠定了地位。

现在有四只 1 亿元的早期 VC 基金，都在 5 年投资了 50 家企业，但因为各自的投资策略不同，导致收益率不同：

超稳型 A 基金：所投的 50 家企业都成功了，成功率为 100%，每家成功企业实现 5 倍回报，整只基金获得 5 倍回报。

稳健型 B 基金：所投的有 25 家企业成功了，成功率为 50%，每家成功企业实现 10 倍回报，整只基金也获得 5 倍回报。

冒险型 C 基金：所投的有 10 家企业成功了，成功率为 20%，每家成功企业实现 100 倍回报，整只基金获得 20 倍回报。

激进型 D 基金：所投的只有 1 家企业成功了，成功率为 2%，这家成功企业实现 1 倍回报，整只基金获得 200 倍回报。

这是理想中的算法，因为现实不会出现这么工整的情况，但从中也足可以看出 VC 机构为什么追求赔率。因为追求成功率就会错过“大黑马”，而一个“大黑马”项目的成功就会拉动基金的整体收益率，所以 VC 投资一定要押中“大黑马”。

VC如何选择目标

一家活跃的 VC，每年要接触超过 1000 个项目，这 1000 个项目只有 10%（100 个）能够通过初筛，从而有机会跟 VC 在会议室进行面对面详细交流。这些通过初筛的 10% 中，只有 10%（10 个）能得到 VC 的投资意向书并接受尽职调查，最后只有 3 ~ 5 家能够通过 VC 投资委员会的投票，获得投资。

由此可见，VC 虽然是风险投资，但也是在尽力避免不必要的风险，尽可能地选择值得冒风险的企业给予投资。那么，VC 选择投资目标的重要依据是什么呢？

产品必须具备三大特征

某 VC 机构在选择目标企业时，要求企业产品必须具备三大特征，虽然只是一家之言，却代表着 VC 届对项目产品的统一要求：

（1）代表最先进的技术方向。

（2）具有最广阔的市场前景。

（3）最可持续的项目经营。

如今，国内创投业对于“创业企业也要有利润”的立场越发坚定，对于投资的回报要求也显得比过去急迫。要技术，更要市场，是风险投资审查创业企业的通行标准。

创业团队“少数派”占上风

软银创始人、同时也是著名风险投资人的孙正义，对于创业企业的团队构成有一套“少数派”理论。他说：“一支优秀的创业团队意味着企业已经成功了一半，不应当以创业者的出身来判定他是否优秀。”

国内风险投资经过多年的强势发展，已经完全脱离了曾经“海归派至上”的认识。如今的风险投资既喜欢具有本地化意识的“海归派”，也喜欢具有世界眼光的本土创业者，二者都是所属群体中的少数派。因此可以说，风投机构最青睐那些由少数派领导者创立的企业。

对目标企业必要性控制

个别创业企业疏于管理，甚至滥用投资人的资金，此类事件伤害着 VC 的耐心和承受力。曾经，风投机构会遵循分散投资原则，以减少个别企业亏损和倒闭可能带来的损失，但这种情况已经在 20 年前发生了改变。

在对目标企业展开必要性控制这一事宜上，硅谷的一些大型 VC 机构的做法是：通过寻求对融资企业一定的控制权，实现对所投企业的必要性控制，以监督其资金使用；如果融资企业实际管理者不能很好地履行职责，VC 会谋求接管控制权。

但接管控制权并非上策，如何让融资企业实现更大盈利才是根本目标。因此，既要对融资企业实现必要性控制，又要尽量降低风险，但是这利益关系要如何平衡？一些 VC 机构选择了联合投资，即几家 VC 联合对一家创业企业进行投资，每家 VC 只投入很少一部分资金，累积效应使得利益一致的 VC 占有了相对多数的股权，而每一家 VC 承担的投资风险却没有增加。

↘ 商业计划书的“5H”

VC 每天从各种渠道收到的商业计划书很多，能用来看商业计划书的时间是有限的。所以，给投资人的商业计划书最好是 PPT 格式。因为 PPT 图文排版更方便、表现更丰富，能在多变的风格下讲清楚创业项目。商业计划书的内容在 20 页左右为宜，不要过多，但也不要刻意控制页数，重在把每块内容阐述清楚。

What——正在做什么

用 2 ~ 3 页 PPT 讲清楚正在做一件什么事，描述以一句话为宜。重点是突出核心，表明融资者在这个项目中就想做的某一件事，或解决这件事中的某一个关键问题。

不要总想着说全说透，投资人的理解能力多数都强于创业者；不要搞得产业链太长，企业尚在襁褓期，谈得太多没有意义；不要整页 PPT 都是大段文字，最好能配上简单的上下游图或功能示意图。

Why now——行业背景和市场现状

用 4 ~ 6 页 PPT 讲清楚行业背景、市场发展趋势、市场空间。要说明待融资项目是在正确的时间做正确的事，而且市场潜力很大。

但是，市场大不代表有需求。要描述清楚在目前的市场背景下，本项目抓住了哪一个或哪一类用户痛点，或者本项目可以为用户带来哪些更高性价比的产品或服务。此外，要尽量列出与竞争对手的对比分析，表明当前的商业机会。

How——商业模式实现的具体方案

用 5 ~ 10 页 PPT 讲清楚本项目商业模式实现的具体方案，也就是如何做，以及当前现状，包括产品的研发、生产、市场、销售策略。

在这部分，具体要阐述本项目是如何实施的，最终达成的效果。建议多研究精益创业、产品规划，同时要注意，创业步伐要小步快走，所以阶段性验证、调整产品思路和商业模式的内容也要清晰呈现在其中。

Who——团队分工与股份情况

用 2 ~ 3 页 PPT 讲清楚创业团队的岗位分工与股份情况。

首先，要介绍团队主要成员的背景、特长和从业 / 创业经历；其次，要介绍团队成员的岗位分工，并且阐明这样的分工是经过严谨实践得出的；最后，要介绍团队成员的股份情况，阐明首席创始人对企业的控制权、其他创始人的获利情况，以及股权池的情况。

总而言之，重点强调个人能力适合该岗位，团队组合适合创业项目。让投资人了解到创业者不是一个人在战斗，创业者不仅具备创业能力，同时也具备领导能力。

再用 1 ~ 2 页 PPT 讲清楚项目和团队的优势。在这一部分内容中必须回答两个问题：为什么是现在做这个项目？为什么我们能做成功？让投资人相信我们的团队要做的事非常有前景，且我们很适合这个项目。

How much——财务预测与融资计划

用 2 ~ 3 页 PPT 讲清楚此时间节点前三年的财务情况，以及后三年的财务预测。其实有时早期项目的盈利不重要，投资人主要对高增长性感兴趣。因此，创业者在这一部分的 PPT 内容中需表明融资计划，如需要多少资金，准备稀释多少股份等。资金需求一般做一年规划，且要说明这一年内项目要达成什么目标，达成这个目标需要多少钱。

值得注意的是，股权稀释是难点。如果稀释太多，创业者就是打工人了；如果稀释太少，投资人可能不感兴趣。因此建议设定阶段目标，分步稀释，实现精益融资。

↘ 向VC融资的流程

向 VC 融资是很费时间的，快则 3 个月，慢则 1 年以上，通常为 6 ~ 9 个月。因此，在寻找 VC 融资前，创业者需要至少预留 6 个月的现金余量。如果预计第二年年中需要资金，则最迟今年年底就要开始融资。此外，如果现金流出现问题，VC 会拖时间压低价格，通过最少付出收获最大回报。

VC 融资的基本步骤分为两个阶段，一般前 2 个月进行前期准备，后 4 ~ 7 个月实际操作。下面我们将这两个步骤分为确定目标 VC、准备融资文件、与 VC 联系、给 VC 做融资演示、尽职调查及合伙人演示等分别阐述。

确定目标 VC

不是每个 VC 都适合，因此需要找出那些与自己的项目高度匹配的 VC，集中全部时间和精力，重点“进攻”。可以通过四个步骤挑出潜在 VC：

第 1 步：通过网络搜索出过去两年内在国内有过投资项目的 VC 清单，清单中应包括新成立的 VC。

第 2 步：从上一步的清单中挑出有计划在与自己的项目相关行业进行投资的 VC，搜集这些 VC 的材料。

第 3 步：从上一步的清单中剔除已经投资了竞争对手的 VC，投资界的常规游戏规则是不投互相竞争的企业，但也有不遵守游戏规则的。

第 4 步：再剔除没有钱投资的 VC，形成最后的清单。VC 没钱通常有两点原因：① VC 基金里确实没钱了；② VC 所剩资金与融资者的数额要求不匹配。

准备融资文件

融资文件不是一次性的，通常随着融资的进程，需要准备不同的文件。

（1）执行摘要：可以看作是一两页篇幅的“鱼饵”文件，用来吸引 VC 的目光。

（2）融资演示：PPT 文件，用于面对面跟 VC 演讲，加深 VC 对项目的印象。

（3）尽职调查：将所需文件备好，按内容分类，按次序提交，让 VC 对融资企业和项目进行详细摸底。

（4）法律文件：公司章程、销售合同、以前的投资协议（如果有）等。

与 VC 联系

跟 VC 联系的关键在于三个方面：与谁联系？怎么联系？何时联系？

1. 与谁联系

VC 机构多是合伙制企业，合伙人各自找项目、看项目、评估项目，但投资需要企业内部集体决定。因此，创业者想要获得 VC 投资，需要先说服 VC 里的某个恰当的合伙人，由其来负责推进项目的融资进展，并说服其他合伙人。

VC 融资最难的就是这一步，投资企业多，投资人更多，在千军万马中找几个可能的人选非常困难。

2. 怎么联系

找到相应的 VC 联系人后，跟他们取得联系的最好方法是找人推荐。如果实在找不到推荐人，也可以聘请在投融界有些地位的人做投资顾问，或者通过参加一些风险投资会议、论坛增加认识目标 VC 投资人的机会。

在和目标 VC 投资人取得联系后，如果能拿出有质量的“鱼饵”文件，“钓”起 VC 投资人兴趣的概率将极大增加。

3. 何时联系

跟 VC 联系要在尽可能短的周期内集中两个至三个批次完成，一次 10~20 家。集中的好处是，VC 的投资意向书会集中到来，创业者可以对各家的条款加以比较。

给 VC 做融资演示

跟 VC 第一次“亲密接触”的结果，不在于演示得多么好，而在于给 VC 演示了什么。

演示的内容包括 PPT 的结构、每页的主题、每页的内容量、演示者的演示方式、演示文件的重点内容等。

如果一个创业项目的演示PPT中包含了上述全部内容，也许真的够了，但这并不是VC想了解的全部内容。对于任何VC，决定他们对项目判断的是两样东西：对企业管理团队的信任度和企业能成功的客观证据。VC从演示PPT中获得融资企业运营良好的信息越多，对于项目和团队的信任度就越高，投资的概率也就越大。

尽职调查

如果VC对某个项目感兴趣，后面会有更多的会谈和VC对融资企业的尽职调查，尽职调查的工作通常由VC的一个合伙人及投资经理实施。在融资方与VC签订排他性的Term Sheet（此处指投资意向书，或投资条款清单）之后，VC会再进行详细的尽职调查，通常会请第三方会计师和律师进场做财务调查和法律调查。尽职调查期间，融资方和VC的接触会非常频繁，会跟VC里不同的人面谈。

在VC做尽职调查时，融资方也要查查VC的情况，比如VC合伙人都有什么特点？他们投资后的增资服务如何？他们是不是在投资后会更换现有管理团队？

合伙人演示

给VC全体合伙人做的融资演示，决定了融资企业能否拿到VC的Term Sheet。创业者对全体合伙人演示的目的不是不让他们挑出毛病——说“NO”，而是让他们进一步发觉融资企业的投资价值——说“YES”。

合伙制的VC，内部决策要一致通过，一票否决。只要有一个合伙人对你的项目有异议，就不会通过。创业者不可能去同时争取VC内的所有合伙人，但可以尽力争取负责自己的项目的VC合伙人的认可，令其有信心去说服其他投资人。从某种意义上说，这位VC合伙人更像是融资企业的合作伙伴。在创业者给VC全体合伙人做演示前，这位VC合伙人已经跟其他合伙人做了充分沟通，演示时只要保证没有什么意外的坏消息、不要临时更换演示材料、不要加入不必要的细节，只要这些节外生枝的事情不出现，融资成功率将会极大提升。

Term Sheet 谈判

如果给合伙人演示成功了，VC 会被融资企业发来 Term Sheet，若是投融双方签了字，融资的进度就完成了 90%。但在签字之前，投融双方还需要就条款内容进行谈判。

创业者因为缺少经验，进行 Term Sheet 谈判相对困难，其中的条款内容可能都是第一次接触到，比如企业估值、优先权利、保护机制、公司治理等。解决的办法有两个：一是学；二是抄。学，很容易理解，就是多啃书，读得多了，即便不精通，也能有所了解。抄，就是“拿来主义”，同时拿到不同 VC 的几份 Term Sheet，对比各项条款，比着比着就不再是“小白”了。

创业者在拿到 Term Sheet 后，不要过于兴奋立即签字，可以短时间地“吃着锅里的，望着盆里的”。创业者手握一份 Term Sheet，可以促使别的 VC 尽快发 Term Sheet。先发 Term Sheet 的 VC 也会怕项目被抢走了，或许会降低一些利益诉求。

如果签署了 Term Sheet，因为有排他性条款，融资项目只能跟这家 VC 合作，主动权就回到了 VC 手中。也就是说，创业者在与 VC 的博弈过程中，只有拿到 Term Sheet 的短暂时间内拥有主动权。尽管掌握主动权很重要，但也要掌握尺度，不能把弦拉得太满了，防止拉断了。

法律文件

在签署了 Term Sheet 后，VC 还要做详细的尽职调查。如果在详细尽职调查阶段发现问题，创业者和 VC 的缘分或许就到此为止了。关于这一点，在签署 Term Sheet 时，VC 都会明确告知融资企业。

VC 都有一条从自身利益角度出发的“标准文件”，创业者要与 VC 谈判 Term Sheet，落实具体条款的用途和目的，由律师转换成法律文件。

此时，已经走完了 VC 融资的所有流程，接下来就是 VC 资金汇入融资企业账户。按照与 VC 融资中确定的资金使用计划，在未来的一定时间内按照需求使用资金，逐步实现企业设定的里程碑，兑现给 VC 的承诺。

↘ VC融资注意事项

不过分强调专利

在进行 VC 融资时，以专利作为企业价值核心去展示和谈判，是对是错呢？如果只看“专利”二字，或许是对的；但若是加上行业的前提，就没有那么正确了。不同行业的专利所起到的作用是不同的，有些行业的专利可以作为进攻的手段，有些行业的专利最多只是防御机制，还有一些行业的专利只是表面漂亮罢了。

比如，企业处于生物科技、医疗设备领域，以专利为策略是非常正确的。但如果企业处在软件行业，就不要过于依赖专利，因为软件类企业的关键优势在于拥有优秀的创意和良好的执行力。

不要求 VC 签署保密协议

鉴于 VC 经手过数量庞大的商业计划书，他们很可能已经看过类似的东西。这就产生了一个问题，一些创业者认为是竞争对手的企业，VC 并不认为是，如果 VC 与每家企业都签署保密协议，结果却把钱投给了创业者认为的竞争对手，投融双方就会陷入违约纠纷中。此外，保密协议还会妨碍 VC 投资人跟其他投资人谈论某个项目，即便那些投资人可能是提供资金的联合投资人。

VC 的专业是投资获益，不是窃取商业机密。想一想，能通过合法的投资就有机会获得大宗回报，谁会去冒着违法的风险去窃取不一定能换来利益的“商业机密”呢？因此，创业者没必要担心 VC 不签署保密协议就会盗取商业机密，这个行业说小不小，说大也不是很大，投资人也需要顾虑声誉。

VC 的建议不是命令

有一些首次创业者，或许由于年轻，或许出于对 VC 的信任，或许是希望获得 VC 帮助的心理，常常是非常认真地听取 VC 的建议，甚至将 VC 的建议当成命令去执行。现实中一些 VC 投资人对于融资企业的很多重要决定拥有否决权，比如预算审批、薪酬、激励、后续融资等。虽然 VC 投资人可能只拥有融资企业 10% 的股份，但却拥有远远超过这个股权比例所赋予的投票权利。

创业者必须要正确对待 VC 的建议，区分好的建议与不好的建议。好的建议可以吸收采纳，不好的建议就应屏蔽。

被拒绝后，不要请求 VC 引荐其他 VC

VC 每天都会收到大量推销投资机会的邮件，他们会努力查阅每一份邮件，会拒绝掉其中的大多数。拒绝时会尽量迅速而干脆，有些会给出拒绝的理由，但不会因为融资企业的质疑而进行争论或探讨。

如果 VC 对融资企业说“NO”，该融资企业就不要再回复邮件并且不要再要求 VC 推荐其他 VC。因为将拒绝的融资企业推荐给其他 VC，在某种程度上就相当于在暗示此 VC 对已拒绝的融资企业是支持的，但这种支持却没有任何价值，因为此 VC 刚刚拒绝了该融资企业。

因此，这种一边拒绝，一边又将融资企业推荐给其他 VC 的行为是相互矛盾的，接收到推荐信息的 VC 势必会询问推荐 VC：“为什么你们拒绝了，却推荐给我们呢？”这样推荐 VC 就等于将自己置于尴尬境地，同时对被推荐融资企业也没有任何益处。

不要求 VC 推荐也有例外的情况。当融资企业与某家 VC 并非陌生请求，而是已经建立了关系，就可以进一步询问 VC 拒绝的理由。如果是由于 VC 机构的原因，比如融资规模对 VC 来说太小了，比如此 VC 的投资组合中已经有了一家在本行业颇具竞争力的企业，那么该融资企业可以请求此 VC 将自己推荐给另一家更合适的 VC，但也仅是请求，最终是否推荐还是由 VC 自己来决定。

第八章　股权融资

↘ 股权融资的主要方式

股权质押融资

融资企业以股权（股票）作为质押标的物，向银行申请贷款或为第三者的贷款提供担保。按质押标的物的不同分为动产质押和权利质押。股权质押属于权利质押的一种，是市场上补充流动性的常用方式。通常情况下，如果融资企业选择股权质押，其融资会打折扣。比如，某公司向银行融资1000万元，可能需要质押的股权价值须在2000万元以上，折扣率在3～6折不等。

由于股票市场波动较大，若股票价格上涨，将来的事情都好解决。如果股票价格下跌，企业就有可能出现无法偿付本金的风险。为尽可能降低风险，银行会设定股价预警线（160或150）与平仓线（140或130）。

比如，一只个股质押时市值为10元/股，质押率为5折，预警线为160，平仓线为140。那么，预警价位为：10元×0.5×1.6=8元，即股价下跌20%即为预警价了。平仓价位为：10元×0.5×1.4=6元，即股价下跌40%银行就可以强制平仓，以保住本金。

其实投资方也不愿意强制平仓，如果股票价格一直下跌，投资方会先要求融资方补仓，此时融资企业就要考虑是继续补还是就此收手平仓，因为补得多了，若股价仍不见好转，到时很可能会失去对企业的控制权。

由此可见，虽然股权质押已经成为企业补充资金流动性的常用方式之一，但风险较大，特别是上市企业的股票质押。

股权增量融资

股权增量融资也称为“增资扩股融资”，是权益性融资的一种形式，是有限责任公司和股份有限公司上市前常用的融资方式。

有限责任公司的增资扩股是指企业增加注册资本，原股东有权优先按照实缴的出资比例认缴出资，如果全体股东约定不按照出资比例优先认缴出资，则由新股东出资认缴，使企业的资本金增强。

股份有限公司的增资扩股是指企业向特定对象发行股票募集资金，原股东增加投资扩大股权或新股东投资入股，增加企业的资本金。

股权增量融资有以下优点：

（1）扩大融资企业的股本规模，提高企业实力、影响力及信誉度，降低资产负债率，优化资本结构。

（2）所筹集的资金属于自有资金，与负债资本相比，既可以提高融资企业的信贷能力，又没有还本付息的危险。

（3）吸收直接投资，不仅可以筹集现金，还能获得其所需的先进设备的技术，能尽快形成生产经营能力。

（4）由于外部股东的加入，可以建立有效的企业治理机构及激励与约束机制，并调整股东结构和持股比例，建立股东之间的制约机制。

（5）融资企业可以根据自身经营状况向投资者支付报酬，没有固定支付的压力，财务风险小。

（6）能够增加融资企业的净资产和现金流量，有利于企业加大固定资产的投资，提高产能、销售收入和净利润，为上市创造条件。

私募股权融资

私募股权融资（PE）是相对股票公开发行而言，以股权转让、增值扩股等方式，通过定向引入累积不超过两百人的特定投资者，使企业增加新的股东，获得新的资金的行为。

私募股权投资机构向具有高成长性（不一定具有高科技与新技术）的非上市企业进行股权投资，并提供相应的管理和其他增值服务，以期通过IPO或者其他方式退出，实现资本增值的资本运作过程。

私募股权融资的特点如下：

（1）在运作流程上，私募股权融资的手续较为简便，企业能快速获得所需资金，且一般不需要抵押和担保。

（2）在资金来源上，私募股权融资主要面向机构投资者（风险基金、杠杆并购基金、保险公司等）或个人，以非公开方式募集，其销售、赎回也以非公开方式进行。

（3）在融资工具上，私募股权基金多采用普通股、可转让优先股以及可转债的形式。

（4）在交集程度上，私募股权投资者在所投资企业的经营管理上积极主动，为企业提供有效的经营和融资策略、人才的咨询和支持，还为企业的上市创造条件。

（5）在投资期限上，私募股权投资期较长，通常为3～5年或更长。

（6）在企业关注上，追求高额回报率，私募股权投资更关注投资成功率，因此更青睐在经营层面成熟或较成熟的企业。

（7）在退出方式上，企业上市可实现财富增长和增强抗风险能力。IPO后进入公开市场，投资机构的利润也更容易变现。

↘ 商业计划书的五个关键点

股权融资商业计划书通常会涉及企业概述、产品和服务、团队的综合能力、市场及竞争、资金筹集及投资回报等方面，下面针对其中的关键点分别阐述。

产品优势

在进行投资项目评估时，投资者最关心的是融资企业的产品相比于其他同行业企业的产品有什么优势。优势越大，投资者的投资兴趣越高；优势越独特，投资者的投资信心越足。因此，融资企业应在商业计划书上尽量标明产品的内容和优势。具体来说，包括以下几点：

（1）产品的名称、性能和特性。

（2）产品所处的生命周期，处于导入期和成长期的产品更有投资价值。

（3）产品的市场竞争力如何？相比较主要竞争产品的差异在哪里？优势是什么？

（4）产品的市场前景预测，大概在多少时限内能占据多少市场份额？

（5）是否具备产品专利？

团队状况

产品研发与销售、企业管理、市场开拓、原料供给、设备运转等，都是由人来实现的，即企业的核心运作团队。团队的综合能力越强，投资者的投资意愿越高。因此，融资企业应在商业计划书中对核心团队的人员组成、能力范围和运作状况进行介绍。具体来说，可以从以下几个方面来介绍：

（1）主要成员。如企业创始人的情况、创始团队其他人的情况、关键岗位负责人的状况、核心技术人员的状况等。

（2）团队分工。包括核心成员的工作岗位、所掌握的权利、所负责的领域、所承担的责任、所享有的利益等。

（3）教育背景。核心成员的学历背景和技术能力往往决定着企业发展的上限，因此影响着投资方的投资信心。

（4）培训相关。是否对核心成员进行和其负责的主业务相关的培训非常重要，因为系统的培训能让核心团队成员的知识结构和能力体系更为出众。

（5）工作能力。介绍核心成员能力值的大概范围，包括曾经担任的职务、解决过的难题、执行过的计划、取得过的重大成绩等。

市场分析

融资企业处于什么样的外部环境中，是蓝海市场还是红海市场，是旧有市场还是新兴市场，对于投资者的投资意愿有着重大影响。毫无疑问，绝大多数投资者都愿意投资新兴市场，因为新兴市场的机会总是更多一些。但也不代表投资旧有市场就一定会失败，还要考虑更多因素，综合判断。因此，融资企业在制作商业计划书时，必须要让投资方清楚企业的定位和所处的位置，不能隐瞒和作假，毕竟市场就摆在那里，企业的样子谁都看得见。具体来说，可以从以下几个方面来进行市场分析：

（1）市场规模。每个市场的规模都不同，所蕴藏的细分市场数量也不同。不是市场规模大就一定能吸引融资，还要看竞争激烈程度。有时尽管市场规模小点，但竞争也小，依然会受到资本青睐。

（2）市场增长速度。快速增长的市场会吸引投资，但也会吸引大量竞争对手，在这种情况下企业能否站稳脚跟就成了投资方考量的重要因素之一。

（3）竞争对手的情况。竞争越强，利润空间越低，但相对应的能生存下来的企业，成长性更好，需要辩证地看。

（4）创新速度。迎接市场的挑战离不开创新，只有产品持续地更新换代，才能提高在市场上的被认可度，也才能引起资本的注意。

财务预测

财务预测是融资商业计划书中很重要的部分，也是投资者关注的点。融资企业应该向投资方展示与自身相对应的财务预测表。比如，企业未来三年或五年的利润预测表、损益表、销售预测表、预计现金流量表、资产负债表等。通过财务预测，投资者才能对预投企业的收益有比较具体的概念。

那么，融资商业计划书中的财务预测表具体是怎样的呢？我们以某企业未来三年预计现金流量表为例（见表8–1）。

表8–1　某企业融资时所展示的未来三年预计现金流量表　　单位：万元

年份	2021	2022	2023
期初余额	6	12	11
销售回款	66	98	124
新增借款	17	22	26
募集资金	10	18	0
流入小计	93	138	150
支付土地款	20	25	25
土地储备支出	11	18	28
支付工程款	37	52	70
归还贷款	15	20	22
经营开支	5	8	13
流出小计	88	123	156
期末余额	12	11	12

投资回报

投资者最关注的就是投资回报率，其高低直接关系到投资者的投资兴趣。因此，在这一部分中融资企业必须要向投资者表明两个问题：①投入资金的回报率怎样计算？②投资后多长时间或者经营达到怎样的目标可以获得回报。

比如，投资者张三向甲公司注资300万元，换得该公司20%的股权。三年后，甲公司成为拥有4000万元税后纯利润的大中型企业，达到了可以获得投资回报的业绩标准。那么张三能得到的回报是多少呢？4000万元×20%＝800万元，即张三在三年时间内用300万元换得了800万元的回报。

↘ 通用股权融资流程

前期准备

当企业决定开启股权融资后，需做好必要的准备工作，具体包括：

（1）寻找一家投资银行或融资顾问机构，签订服务协议。

（2）组建专职团队，准备相关的股权融资材料，主要有融资备忘录（企业简介、企业结构、产品/服务、业务范围、市场分析、竞争者分析等）、历史财务数据、财务预测等。

（3）在投资银行的帮助下设立目标估值，即企业愿意以多少股份来换取多少资金。

投行牵线

在融资企业确定了出让股份的份额之后，投资银行将与相关投资机构取得联系，向对方介绍融资企业的情况，发送企业的融资材料，并围绕这些材料同机构进行详细讨论。如果融资企业的情况是良性的，足以引起投资机构的兴趣。

但兴趣归兴趣，投资机构还会就一些不清楚的地方向投行提出几轮问题，投资银行不仅会回答这些问题，还会代表融资企业与机构进行深入且频繁的沟通。这一过程不仅使得投资机构对融资企业有了进一步的了解和判断，也让投资银行能初步判断哪家投资机构更为优秀、对企业更有兴趣，更可能给出高的投资报价（见图 8–1）。

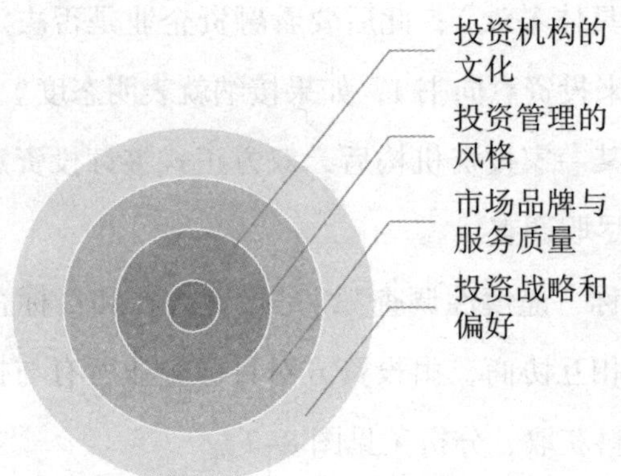

图8–1　投资银行对投资机构的剖析与判断

正式接触与机构调查

投资银行犹如“中间人”的角色，帮助融资企业和投资机构牵线搭桥。经过前面几轮的初步接触之后，融资企业和投资机构之间都有了相应的了解，会决定是否进行正式接触。通常一家融资企业会同时与多家投资机构接触。

在投资银行的安排下，融资企业的负责人（不一定是实际控制人）和投资机构的代表直接会谈，如果会谈顺利，则可以确定正式合作关系。

在会谈中，投资银行会继续扮演“中间人”角色，派出专业人士与会，为双方解答疑问。此后，投资银行会帮助融资企业总结与不同投资机构的会谈结果，列出详细对比，供企业参考选择。

与此同时，投资机构会实地对融资企业进行产业调查，包括产品生产、研发能力、销售状况、团队组合、管理能力、危机处理能力、不动产价值、门店状况、办公地点等，最终做出是否投资的决定。

签订投资意向书

对融资企业的调查结束后，到了做决定的时候：如果投资机构决定投资意向，则会向融资企业发出投资意向书（初步的投资合同，其中定义企业的估值和部分具体条款）；此后要看融资企业是否决定接纳（或许不止一家投资机构发来投资意向书），如果接纳就表明态度。

在企业确定某一家投资机构后，双方正式签订投资意向书，同时投资机构对企业进行尽职调查。

尽职调查又称“谨慎性调查”，是投资方在和目标企业产生了正式合作意向后，经过相互协商，由投资方对目标企业所有与投资有关的事项进行现场调查和资料获取、分析（见图8–2）。

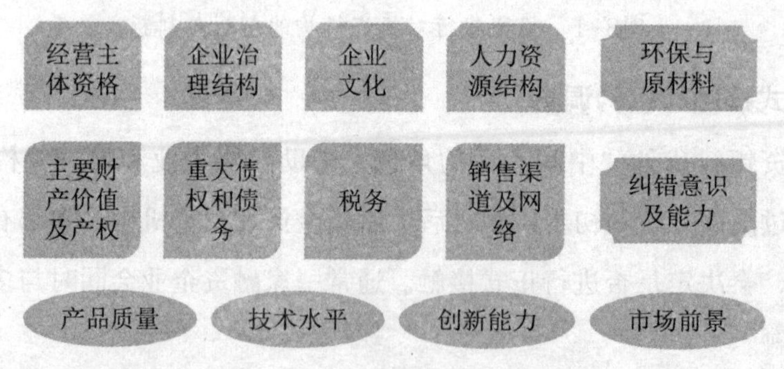

图8–2 尽职调查的主要内容

合作谈判

通过了多轮的相互调查、考察之后，融资企业与投资机构进入了合作谈判阶段。在谈判过程中，投资机构会提出企业融资的法律、财务的框架性建议，并围绕融资的最终价格、股份形式、分割比例、董事会组成、分阶段企业发展目标、管理层激励方案、投资方退出安排等提出建议。

融资企业在与投资机构谈判时，需要清楚对方的哪些建议或要求是公平的，哪些建议或要求是不公平的，只有建立在公平的基础上，融资才会得以顺利进行。下面，将融资企业与投资机构围绕股权协议所洽谈的重点列出：

（1）战略定位——主体定位、发展目标和模式等。

（2）价值评估——净资产、市盈率、现金折现流等。

（3）股权比例——绝对控股、相对控股与参股。

（4）决策权与经营管理权——股东会/股东大会、董事会、高级管理人员的任命。

（5）承诺、保证与违约责任——先签订协议或制定规章，依照协议或规章处置。

签订合作协议

当融资企业与投资机构认可了投资协议的合约内容之后，融资流程进入“双方管理层认可”阶段。此时，融资企业应根据公司章程和相关法律规定，召开股东会/股东大会，以通过融资协议。

得到股东会/股东大会的认可后，就进入融资最关键的环节——签订最终投资协议。该阶段包括对投资方案的设定和谈判，其中涉及投资工具、投资方式、交易架构的选择，还包括对投资数量、投资时间、分红与利息政策、经营范围、资产评估、兼并收购、实现投资回报渠道的设定与谈判。

在签订协议时，双方应约定仲裁，以尽量减少法律风险，避免在未来可能出现的法律纠纷。约定仲裁的地点设置，应尽量选取中立的一线城市。

正式合作

投资协议签订后，预示着融资企业与投资机构正式开启合作。融资企业与投资机构首先要兑现谈判协议的各项内容，即融资企业全部或部分的股权发生转移，投资机构则将投资资金按照投资协议约定的方式提供给企业；同时，必须在企业备份档案，大中型或有条件的企业可以举行新闻发布会等活动。

股权转移需要融资企业的股东配合操作，股权转移完成后，企业新老股东需办理工商注册变更手续，取得合法地位。随后，企业召开股东会或股东大会、修改公司章程、提名董事（来自投资方）、召开新的董事会，再由董事会聘任高管团队，明确企业的未来发展方向。

↘ 规避的陷阱

财业对赌陷阱

2007 年年初，为扩大生产规模，尽快实现上市，太子奶集团在引进英联、摩根士丹利、高盛等风险投资 7300 万美元的同时，签订了对赌协议：在收到 7300 万美元注资后的前三年，如果太子奶集团业绩增长超过 50%，就可以调整——降低对方股权；如果完不成 30% 的业绩增长，太子奶集团创始人李途纯将会失去控股权。

2008 年，太子奶集团董事长李途纯动用大量资金用于房地产，然而由于爆发全球金融危机，国内又发生“三鹿奶粉事件”，太子奶的销售量锐减。

2010 年 4 月，太子奶集团身负巨债宣布破产。7 月 23 日，株洲市对外界通报，株洲中院依法裁定太子奶集团进入破产重整程序。

因为在财务业绩上对赌失算，太子奶集团最终被三大投行“鲸吞”。可见，在选择财务对赌时，企业应根据自身状况设定合理的业绩增长幅度，不能抱着赌徒心态去承诺高估值。

上市对赌陷阱

2010 年，某餐饮连锁企业为支持门店扩张计划，引入国内知名投资机构。当时企业估值约 20 亿元，投资机构以 2 亿元换取企业 10% 的股权，并与该企业创始人签署了对赌协议：如果非投资方原因造成企业无法在 2014 年上市，那么投资方有权以回购方式退出企业。

在随后几年的 IPO 进程中，企业屡次失败。最终触发了对赌条款，投资方要求企业创始人按对赌协议高价回购股份。该企业只好再进行更大规模融资以回购投资机构的股份，企业因此失去了更多股权。后来几经转手，企业被其他投资机构接管，创始人彻底出局。

这是非常典型的以上市时间作为对赌条件的融资约定，对融资企业而言，如果上市成功将有丰厚获利，可一旦失败也将万劫不复。而企业上市是否成功本就不是高概率的事情，如同陷阱摆在眼前，必须格外谨慎。

竞业限制陷阱

某企业与投资方在签署的融资协议中约定：公司上市或被并购前，创始人不得离职。

该条款是对企业创始人的未来进行限制，目的是保护企业的经营独特性和竞争性。上述约定直接限制创始人不得离职，是相对硬性的，没有任何回旋余地，无论如何创业者都要待到企业上市或被并购。除非在这个期间企业经营不善，投资方退出，协议无效，或者企业解散清算，协议无效。

还有一种相对软性的约定，就是企业创始人在未达到某项业绩或目的之前可以离职，但几年内不得从事与原企业业务相竞争的行业，也不得通过其他企业或以其他任何方式从事与原企业业务相竞争的业务。

股权锁定陷阱

某企业与投资方在签署的融资协议中约定：公司上市或被并购前，创始人不能转让所持股份。

该条款与竞业条款类似，都是对融资企业创始人的限制，只是竞业限制针对时间，本款针对股份。

上述约定直接限制融资企业创始人在某项条件达成前，不得转让股份，该条件必须是具体的、可量化的。也就是说，只有在条件达成后才可以自由转让股权。

还有一种延伸限制，就是在达成某项条件之后，融资企业创始人仍然不能转让股份，要再等待一段时间才可以转让。

关联交易陷阱

某融资企业与投资方在签署的融资协议中约定：在公司上市前，不得与母公司之间发生不符合公司章程规定的关联交易，否则公司或大股东须按关联交易额的一定比例向投资方赔偿损失。

该条款涉及企业经营的延展性，可以扩展，但有边界限制和形式限制。要求融资企业在约定期间内不得发生不符合公司章程规定的关联交易，公司章程就是边界，关联交易就是形式。如果触犯，企业或企业大股东必须对投资方进行相关赔偿，关联交易的目的是防止利益输送。

第九章　私募股权融资（PE）

PE融资的优势

财务风险低

企业引入私募股权（PE）投资，不仅能为企业注入外部资本，以扩大企业的资产规模，也能降低企业的资产负债率，从而降低财务风险，还能改善企业股东的背景，提升企业形象。

企业通过私募股权融资的方式还可以增强自身的抵押和担保能力，再结合企业大幅提升的资产规模、大幅降低的财务风险和不断提升的企业形象，一定能够吸引其他投资机构进行后续跟进投资，最终实现企业的再融资能力的提升。

运行成本低

企业引入私募股权投资，不仅不需要偿还本金，还不用担心到期付息，融资所遭遇的风险完全由投资方承担。在这种投融资的合作方式中一旦企业出现不可逆的经营风险，私募股权投资机构所投入的资金会随着企业的破产而消失。

私募股权融资的过程相对简单，只需企业与私募股权投资机构私下交易，不需要公开募集资金，因此能极大地降低融资运行的成本。

私募股权融资的法律程序也较为简单，尤其是中小企业的产权关系相对简单，其在股权转让或增资过程中没有国有资产需要评估，因此也就不存在国有资产管理部分或上级主管部门监管的情况，同样可以降低融资成本。

增值服务高

企业引入私募股权投资，一方面能为企业的运营与发展带来雄厚的资金，另一方面能为企业带来新的股东。这些通过私募股权投资进入企业的股东，会在企业的经营发展过程中扮演重要的角色。这些股东可以为融资企业引入一套完全不同于传统家族式的先进控制机制，能在很大程度上改善企业的治理结构，使企业建立起与其未来的上市目标相匹配的财务制度、管理结构、法律框架和监管体系。

↘ 寻找合适的PE合作

私募股权投资机构对于项目的甄选非常严格，同理，企业选择私募股权投资机构时也不能马虎，在什么阶段可以进行 PE 融资，如何接洽 PE 机构，如何防范谈判破裂等都是必须慎重对待的。

企业在什么阶段需要进行私募股权融资

除了极少数专门做投资金额不超过 1000 万元的早期项目的 PE，绝大多数 PE 感兴趣的私募交易单笔金额都在 2000 万元以上，而那些上亿元级别的私募交易竞争则最为激烈。因此，如果企业仍在初创阶段，仅需要数百万元级别的融资，不建议花精力找 PE，而应寻找天使投资或 VC。

通常情况下，当服务类企业成长到百人左右规模和千万元年收入时，比较适合做首轮私募股权融资；当制造类企业年税后净利润达到500万元，比较适合做首轮私募融资。

虽然不是所有企业在抵达规模界限时都愿意私募，但私募的好处却是显而易见的，可加快企业业务扩张的速度。很多企业就是借着私募的跳板快速壮大后实现上市，创始人/团队/股东的财务从净资产的状态放大为股票市值，财富增值效应惊人。因此，只要有机会，多数民营企业愿意接受私募投资。

企业如何接洽私募股权投资机构

由于经济周期性的特点非常明显，在不同的经济周期下，企业追逐PE或是PE追逐企业，总是周而复始地循环。

在经济上行阶段，一家优质的成长期企业会同时被多家PE追求，特别是TMT、新能源、环保、教育、连锁等领域企业。哪怕企业的综合评价差一些，只要有私募意愿，PE也会闻风而动，不想错过任何可以吃到肉的机会。此时，私募交易谈判的发起方通常是私募股权投资机构。

但在经济下行阶段，企业的私募愿望空前强烈，PE的投资意愿并不强烈，企业与PE建立联系或寻求谈判机会的难度都将极大增加，此时，私募交易谈判的发起方通常是企业。即便企业做好了商业计划书，然后大海捞针式地与数十家PE交锋，效果也未必好。那该怎么办呢？企业总不能等到经济形势回暖后再寻找PE，那样企业不仅会错过发展的良机，甚至还会错过生存的良机。

此时，最合适的做法是，通过财务顾问、投行券商或专业律师帮助企业向PE推荐。这三者中PE尤其重视专业律师的推荐，只要有专业律师向自己推荐企业，PE至少都会对企业展开正式考察。为什么专业律师的推荐要优于财务顾问呢？可以从三个方面来分析：

（1）动机不同。财务顾问向PE推荐项目，只是一种日常业务，带有强烈的达成交易的经济动机，PE大多会有戒心。专业律师向PE推荐项目，则多出于个人帮忙的性质，一般没有太强的经济目的，容易被PE接受。

（2）职业特性。律师的职业特性决定了律师本人必然要珍惜自己的职业声誉，对于综合情况太差的企业即便有极强的情感成分掺杂其中，专业律师也不会盲目推荐的，以免破坏自己在业内的口碑。在这一点上，财务顾问就没有那么多顾虑了，一个推荐不成功还可以推荐下一个，这只是他们工作的一部分。

（3）工作关系。律师有时候由于还是融资企业的法律顾问，因此更加清楚融资企业的经营特点、经营现状和法律风险。而PE要判断企业的经营前景时，也需要征询律师的意见，两者的关注点是相同的。财务顾问同样会因为工作性质关系，存在不如实向PE陈述企业现状的风险。

其实无论是经济上行阶段还是经济下行阶段，融资企业寻找PE都不能是盲目的，需要从下面5个方面入手：

（1）背景——A股上市企业、海外上市企业、老牌人民币基金、老牌美元基金、新锐基金、新三板基金、产业基金、独角兽、国资。

（2）领域——掌握每个机构对赛道的选择偏好和侧重，投给同领域但又避开投过融资企业直接竞品的PE。

（3）轮次——明确PE的投资额度区间和投资项目的估值区间。

（4）品牌——PE所在机构的品牌，不同品牌背后对应着不同的投资风格。

（5）资源——搞清楚PE背后的资源。

经过上述5点的初筛后，融资企业就可以通过5项匹配，找到最合适的PE进行私募交易（见图9-1）。

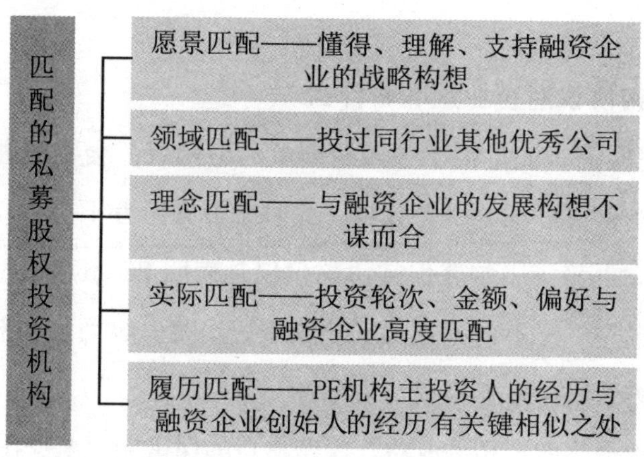

图9-1　企业筛选PE的过程

什么原因会导致私募股权融资谈判破裂

在任何国家，私募交易谈判的成功率都不高。以融资企业与意向 PE 签署保密协议作为双方开始接洽的起点，最终能谈成的交易不到 3 成。谈判破裂的原因有很多，比较常见的有以下几条：

（1）融资方对企业的内在估值判断不够客观，过分高出市场公允价格。但是，PE 遵循严格的价值规律，特别是经过金融风暴的洗礼以后，对于企业的估值的态度不仅不浮躁，反而过分冷静，从而导致双方在企业价值判断上的差距过大，交易很难谈成。

（2）融资企业的业务受制性太强，或技术太高深，或商业模式太复杂。伟大的生意总是简单的，PE 更倾向于选择从市场竞争中杀出来的简单生意，土一点、俗一点、传统一点都没有什么，能赚钱就行。

（3）企业融资的时机不对，过于缺钱的样子吓到了 PE。任何投资方都更喜欢锦上添花，而不是雪中送炭。企业现金流是否窘迫，只要尽职调查就会立刻复现，把 PE 当傻子准备坑一下的企业，怎么可能融到资金？

（4）融资企业融资的目的是开发新领域。这摆明了就是想借助 PE 的钱来试水新领域，投资方又不是傻瓜，成功希望如此渺茫的事情他们才不会做呢！

签署保密协议对企业意味着什么

当PE对融资企业进行了一两轮简单的考察后，会要求融资企业签署保密协议，提供更详细的财务数据。此时融资方千万不要兴高采烈地认为私募交易十拿九稳了，签署保密协议仅仅是表明PE愿意花时间来严肃考察这个融资项目，私募的万里长征才刚刚迈出第一步而已。签署的保密协议中，融资方要坚持以下要点：

（1）无论最终能否私募成功，保密材料的保密期限至少在3年以上。

（2）凡是融资企业提交的标明“商业秘密”字样的文件，都应进入保密范围。

（3）保密人员的范围要扩大到PE的顾问（包括其聘请的律师）、雇员及关联企业。

↘ 进行PE融资的步骤

私募股权融资是一个非常复杂的过程，时间长短不一，需要1～6个月的时间。其流程通常分为准备融资材料、获取投资意向书、尽职调查和签署投资合同四个阶段，其中每个阶段又可划分为多个小步骤。

准备融资材料阶段

该阶段分为7个小步骤：

步骤1——融资企业和投资银行（或者融资顾问）签署服务协议。该协议包含投资银行为融资企业获得私募股权融资提供的整体服务。

步骤2——投资银行和融资企业组建专职团队，准备专业的私募股权融资材料，包括：

（1）私募股权融资备忘录（幻灯片形式，共 20 ~ 30 页）：关于融资企业的简介、结构、产品、业务、市场分析、竞争者分析等。

（2）历史财务数据：融资企业过去 3 年审计过的财务报告。

（3）财务预测：在融资资金到位后，融资企业未来 3 年销售收入和净利润的增长（PE 通常依据此预测对融资企业估值）。

步骤 3——投资银行与融资企业共同为融资企业设立一个目标估值，即融资企业愿意出让多少股份来获得多少资金。

步骤 4——投资银行和相关 PE 的合伙人开电话会议沟通，向他们介绍融资的情况 .

步骤 5——投资银行把融资材料同时发给多家 PE，并与他们就该项目的融资事宜展开讨论，目的是让最合适的 PE 合伙人能够对融资企业产生兴趣。

步骤 6——通常情况下，投资银行会代替融资企业回答 PE 的第一轮问题，并且与这些 PE 进行密集的沟通，目标是决定哪一家 PE 有可能给出最高的估值，且有可能帮助融资企业成功上市。

步骤 7——过滤、筛选出几家最合适的 PE，这些 PE 对融资企业所在行业足够了解，对融资企业的商业前景非常看好，会给出最好的价钱。

获取投资意向书阶段

该阶段分为 6 个小步骤：

步骤 1——由投资银行安排 PE 的合伙人和融资企业的实际控制人面对面会谈。投资银行会派核心人员参加融资过程中的所有会议，帮助融资企业的实际控制人优化回答问题的方式，并且总结和 PE 的所有会议的精髓。

步骤 2——PE 会对融资企业进行实地调查，融资企业可以由实际控制人陪同，也可以派相关人员陪同，投资银行会派核心人员全程陪同 PE，保证PE的所有问题都能被解答。

步骤3——目标是获得至少两到3家PE的投资意向书，等于初步的投资意向合同。这些投资意向书中会定义融资企业估值和一些条款（包括出让多少股份、股份类型，以及完成最终交易的日程表等）。

步骤4——获得若干份投资意向书（最好的情况），形成相当于拍卖形式的竞价，以期为融资企业获得最好的价格。

步骤5——投资银行会和融资企业的实际控制人共同与PE谈判，帮助融资企业获得最好的价格和条款。

步骤6——由融资企业的实际控制人决定接受哪家PE的投资，并签订投资意向书。

尽职调查阶段

通常PE的尽职调查要比商业银行做得详细许多，因为私募股权投资是相对流动性差的投资，只能通过兼并收购时的股权转让或IPO时才能退出。

该阶段分为3个小步骤：

步骤1——投资银行将协调组织整个尽职调查过程，并且保证融资企业的律师、审计师和PE的律师、审计师等相关人员紧密顺利地合作。尽职调查要调查的内容包含3个方面：

（1）财务方面：由PE聘请（并支付费用）的会计师事务所实施，对融资企业的历史财务数据进行分析。

（2）法律方面：由PE聘请（并支付费用）的律师事务所实施，对融资企业的法律文件、注册文件、许可证及营业执照进行核实。

（3）经营方面：由PE方人员实施，对融资企业的经营模式、战略规划和未来商业计划进行分析。

步骤2——在向PE及其所聘请的财务顾问和法律顾问发出尽职调查资

料前，必须认真检查，以确认上述资料的准确性以及能够充分反映融资企业的积极信息。

步骤 3——在 PE 对融资企业的尽职调查过程中，投资银行通常会进行日常监督和管理，以确保尽职调查的顺利进行和来自 PE 及融资企业实际控制人的所有疑问都被解答。

签署投资合同阶段

该阶段分为 3 个小步骤：

步骤 1——尽职调查结束后，PE 会发给融资企业最终的投资合同。在这时的投资合同文本中，其合同条款制定得非常详细，投资银行会和融资企业实际控制人一起与 PE 谈判并签署最终投资合同。

步骤 2——签署最终合同后，PE 的资金将在 15 个工作日打到融资企业的账户上。

步骤 3——投资后，PE 会向融资企业要求至少一个董事席位。在此后的经营中，PE 会定期索要经过审计的企业年度财务报告。

第十章　新三板融资

↘新三板的特征

挂牌门槛低

与主板、创业板、中小板上市对企业的财务、股东等硬性规定不同，挂牌新三板对企业的财务、股东与高新技术没有限制。企业只要在主体资格、经营业务、治理机制、股权设计、信息披露等方面符合规定，就可以挂牌新三板，成为非上市公众公司（见表 10–1）。企业在新三板挂牌后，股票就可以通过全国中小企业股份转让系统交易流通。

表10–1　挂牌新三板对企业的要求

项目	条件
企业主体	依法设立且存续满两年
经营业务	业务明确，且具有持续盈利能力
治理机制	企业治理机制健全，合法规范经营
股权设计	股权结构明细，股票发行和转让合法合规
信息披露	信息公开披露

申报效率高

相较于申请上市，新三板挂牌的速度更快，它通常有 5 步流程，在半年内就能完成。

第 1 步：股份制改造（需要 2 ～ 3 个月）。

登陆新三板的企业必须是非上市的股份有限公司。根据《证券公司代办股份转让系统中关村科技园区非上市股份有限公司股份报价转让试点办法（暂行）》的要求，拟挂牌企业应以股改基准日经审计的净资产值整体折股，即由有限企业整体变更为股份企业。

第 2 步：主办券商尽职调查（与第 3 步合并需要 1 ～ 2 个月）。

主办券商以实地考察的形式对拟挂牌企业进行调查，确保拟挂牌企业符合挂牌条件，且推荐挂牌备案文件要真实、准确、完整。

第 3 步：证券企业内核。

主办券商内核委员会议审议拟挂牌企业的股份报价转让说明书及尽职调查报告等相关备案文件，并出具审核意见。如果发现拟挂牌企业存在需要整改的问题，给出解决建议和思路；如果没有发现问题，便向中国证券业协会出具推荐报告。

第 4 步：监管机构审核（包括反馈时间，需要 2 个月左右）。

因为负责审核的是中国证券业协会，因此也称为“协会审查”，这一步是决定着新三板挂牌能否成功的关键性步骤。

如果中国证券业协会决定受理的，则下发受理通知书，并在受理之日起 50 个工作日内对备案文件进行审查。在审查过程中，如果发现异议，则向主办券商提出书面或口头反馈意见；如果未发现异议，则向主办券商出具《备案确认函》。

当中国证券业协会要求主办券商补充或修改备案文件，则受理文件时间自中国证券协会收到主办券商的补充或修改意见的下一个工作日起重新计算。中国证券业协会若对券商提供的备案文件经多次反馈仍有异议，决定不予备案的，将向主办券商出具书面通知并说明原因。

第 5 步：股份登记和托管。

根据《证券公司代办股份转让系统中关村科技园区非上市股份有限公司股份报价转让试点办法（暂行）》的规定，投资人持有的拟挂牌企业股份应当托管在主办券商处。

主办券商在取得中国证券业协会的备案确认函后，辅助拟挂牌企业在挂牌前与中国证券登记结算有限责任企业签订证券登记服务协议，办理全部股份的集中登记。

执行费用低

企业在新三板的挂牌费用通常由四个部分构成：

（1）中介机构费用：也称为“推荐挂牌费用”，由于各地高新园区针对新三板挂牌业务制订了财政补贴计划，拟挂牌企业可以在政府财政支付范围内减少此项费用的支出。

（2）挂牌初费和年费：拟挂牌企业需要在挂牌时和挂牌期内按照总股本的大小向全国中小企业股份转让系统有限责任公司缴纳挂牌初费和年费。

（3）信息披露督导费：由于主办券商负责对挂牌企业的信息披露进行监督，因此在企业挂牌后每年需要向主办券商缴纳此项费用。

（4）信息披露费：挂牌企业每年还需要向全国中小企业股份转让系统有限责任公司缴纳此项费用。

总体计算下来，企业在新三板的挂牌执行费用在 150 万 ~ 200 万元，不包含募资费用。相比主板和创业板上市动辄数千万元的费用，新三板的收费标准是非常低的。

↘ 新三板交易机制

根据《全国中小企业股份转让系统股票转让细则（试行）》的规定，全国股权系统的交易机制将实施协议转让、做市商制度和竞价交易三种方式。新三板挂牌企业可以任选一种，但三种方式互不兼容，企业可根据实际情况，根据规定进行交易机制的变更。

协议转让：通过报价系统成交

买卖双方在线下直接地接洽，然后在全国中小企业股份转让系统完成交易（见表 10–2）。因为交易双方可以在线下自由、自主地进行股票交易的商谈，因此可以更快、更多地吸收投资，再加上全国中小企业股份转让系统对挂牌企业的股票转让不设涨跌幅限制，更加凸显了该交易机制的优势。

表 10–2　协议转让的交易方式

事项	具体内容
申报时间	交易主机接受申报的时间为每个转让日的9:15 ~ 11:30和13:00 ~ 15:00
申报类型	全国中小企业股份转让系统接受主办券商的意向申报、定价申报和成交确认申报。 每个转让日的9:00 ~ 11:30和13:00 ~ 15:00为协议转让的成交确认时间；每个转让日的9:15 ~ 9:30，全国中小企业股份转让系统仅接受申报，不对申报进行匹配交易
成交模式	点击成交：投资人根据行情系统上的已有定价申报信息提交成交确认申报，与指定的定价申报成交

续表

事项	具体内容
成交模式	互报成交：投资人通过其主办券商、全国中小企业股份转让系统指定信息披露平台等途径，寻找欲转让股份的交易方，双方协商好交易要素和约定号后，都需通过全国中小企业股份转让系统提交约定号一致的成交确认申报，全国中小企业股份转让系统对符合规定的申报予以确认成交
	自动匹配成交：投资人愿意以一定价格转让一定数量的股份，则可以提交定价申报，除了盘中会与成交确认申报成交外，在每个转让日15:00收盘时，全国中小企业股份转让系统对价格相同、买卖双方相反的定价申报进行自动匹配成交

做市商制度：由券商提供买卖价格

做市商制度也称为“报价驱动制度”，具体流程是：做市商构建做市股票的库存，并给出买入价和卖出价，投资人根据所报价位给出买单或卖单。

当投资人发出卖出指令时，做市商用自有资金买入，增加库存量。

当投资人发出买入指令时，做市商用库存股票执行卖出，若库存不足，做市商需要向其他做市商购买。

《全国中小企业股份转让系统做市商做市业务管理规定（试行）》第二条：“本规定所称做市商是指经全国中小企业股份转让系统有限责任公司（以下简称全国股份转让系统公司）同意，在全国中小企业股份转让系统（以下简称全国股份转让系统）发布买卖双向报价，并在其报价数量范围内按其报价履行与投资者成交义务的证券公司或其他机构。”

竞价交易：公开竞价确定证券价格

集中竞价交易是证券交易所内进行证券买卖的一种交易方式。它是指两个以上的买方和两个以上卖方，通过公开竞价形式来确定证券买卖价格的情形。在这种形势下，既有买者之间的竞争，也有卖者之间的竞争，买卖各方都有比较多的人员。

集中竞价时，当买者一方中的人员提出的最高价和卖者一方的人员提出的最低价相一致时，证券的交易价格便确定了，买卖成交。

↘ 新三板挂牌企业的融资途径

在新三板挂牌企业的常规融资途径是通过全国中小企业股份转让系统进行股权转让，除此之外，这些企业还可以通过定向发行、发行优先股和股权质押贷款等方式来进行融资。

定向发行股票

根据《全国中小企业股份转让系统有限责任公司管理暂行办法》的规定，企业在申请挂牌新三板的同时或者挂牌后，可以采用定向发行股票的方式融资。定向发行的股票可以在全国中小企业股票转让系统中公开转让，这种方式增强了挂牌企业的股票流动性。

《非上市公众公司监督管理办法》第四十四条第一款："公司申请定向发行股票，可申请一次核准，分期发行。自中国证监会予以核准之日起，公司应当在 3 个月内首期发行，剩余数量应当在 12 个月内发行完毕。超过核准文件限定的有效期未发行的，须重新经中国证监会核准后方可发行。首期发行数量应当不少于总发行数量的 50%，剩余各期发行的数量由公司自行确定，每期发行后 5 个工作日内将发行情况报中国证监会备案。"

发行优先股

2013 年 11 月 30 日，国务院颁布《关于开展优先股试点的指导意见》，明文规定："优先股是指依照公司法，在一般规定的普通种类股份之外，另行规定的其他种类股份，其股份持有人优先于普通股股东分配公司利润和剩余财产，但参与公司决策管理等权利受到限制。”

新三板挂牌企业发行优先股不仅解决了企业管理层对企业实际控制权的要求，也给了投资人以回报保障。

2015年9月22日，全国中小企业股份转让系统发布《全国中小企业股份转让系统优先股业务指引（试行）》及相关业务指南。

2016年3月23日，新三板挂牌企业中视文化发行优先股完成备案审查，成为《全国中小企业股份转让系统优先股业务指引（试行）》颁布后首家完成优先股发行的企业。其优先股证券简称为“中视优1”，证券代码为“820002”。

股权质押贷款

一般情况下，成长阶段的中小企业资产较少，难以通过资产抵押从银行拿到贷款。其股权价值难以评估，无法预料股权的保值性，也难以通过股权质押拿到贷款。

但是，成长阶段的中小企业挂牌新三板相对来说较为容易，挂牌后企业的股权流动性增强，市场可以对企业股权进行定价和估值，企业股东便可以将持有的股权质押给银行拿到贷款。目前，很多银行都有针对新三板挂牌企业的小额专项贷款。

博弈篇

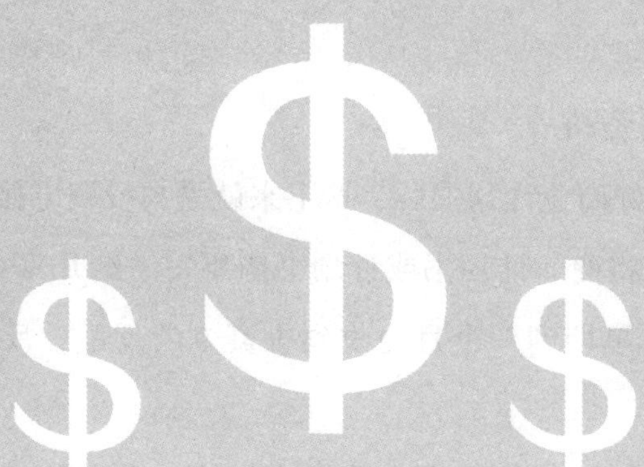

第十一章　各融资阶段谈判汇总

↘ 谈判前的准备工作

任何一笔成功的交易，都要靠谈判来达成。融资是不断总结经验、不断修止不足的过程。从投资方看到融资企业的商业计划书到最终达成投资意向，一般需要 1~12 个月的时间，最常见的周期是 3 ~ 6 个月。通常来说，融资谈判的准备工作做得越充分、越专业、越经得起推敲，投资的进程就会越快。

投递项目介绍资料

当融资企业做好商业计划书后，接下来就是与投资方接触洽谈了。融资企业的创始人要将商业计划书或计划书摘要发送给几家合适的投资方，之后通常会在一个星期到一个月内收到投资方的反馈，反馈信息基本为四种：

第 1 种：拒绝——或者是明确的拒绝邮件，或者长时间没有消息的拒绝。

第 2 种：提问——投资方对融资企业有点兴趣，提出一些简单问题以了解一些必要的信息。

第 3 种：资料——投资方对融资企业较有兴趣，会索取详细信息以确定是否约期面谈。

第 4 种：面谈——投资方对融资企业非常感兴趣，跳过前两步，直接约定时间面谈。

不论是上述哪一种情况，融资企业需要根据投资方的反馈意见，要么对商业计划书加以修改，要么提升团队实力，要么做更深入的市场调查……

面谈前的准备

如果投资方对融资企业的项目感兴趣，该融资企业就要为第一次正式会面做好准备。创始人 / 创始团队一定要对准备工作予以充分重视，会面时才能更好地推销企业的商业计划，以打动投资人。面谈前的准备可以分为 4 个环节：

环节 1：了解要会面的投资方。

融资企业的创始人 / 创始团队要利用各种渠道了解将要会面的投资方及代表。可以打电话给与投资方打过交道的人，可以到投资方的网站看一看有关他们的新闻。有可能的话可以了解投资方重要人物的个人情况。

预先了解投资方以前投资过的项目及其目前投资项目的组合，充分了解对方，才能掌握协商和讨价还价的筹码。

环节 2：再次熟悉商业计划书。

在与投资方接洽之前，再检查一遍准备好的商业计划书与项目摘要，必须做到对商业计划书了然于胸，必要时还要根据市场变化和业务进展对商业计划书进行恰当的补充。

环节 3：准备电梯间演讲。

如果在会面之前与投资方的谈判代表在电梯内不期而遇，不能尴尬地不交流，也不能尬聊，必须抓住这个机会，因为封闭空间往往是阐述观点的好场所。可以提前准备一个 30 ~ 60 秒钟的电梯间演讲，用最简洁的语言说明市场需求和己方的解决方案。

如果谈判之前没有在电梯间相遇，而是在谈判之后在电梯间狭路相逢了，这个演讲同样重要，说不定能起到起死回生或一锤定音的作用。

甚至在谈判过程中的休息时段，若是与投资方谈判代表在卫生间相遇或者在吸烟室相遇，都可以短暂发挥。

环节 4：带动团队其他成员。

融资过程中，融资企业创始人不仅要保证自己对商业计划充分了解，也要带动并保证核心团队成员都能充分了解商业计划的内容，并能在必要之时有说服力地陈述其中的思想。

很多时候一群人的强大远比一个人的强大更具震撼力，如果投资方看到一个创业团队都极具商业能力，投资的信息会大幅提高。

幻灯片准备与演示

一个精心准备的幻灯演示可以帮助创业者清晰描述口头语言难以表达的内容，引发投资人的好奇心，加深投资人对项目的印象。

1. 幻灯片演示文件的主要内容可分为 6 个部分

（1）市场机会：包括市场规模和增长潜力。

（2）提供解决方案：包括描述技术和产品，以及企业的定位。

（3）分析潜在用户与需求，同时分析市场空间及竞争对手。

（4）讲述如何达到目的：包括行销策略、合作伙伴和竞争优势。

（5）介绍管理团队：重点说明为什么这个商业机会能够由你们来实现。

（6）讲述资金需求和盈利预测：包括为什么需要这么多资金，何时能实现盈亏平衡。

2. 幻灯演示文件的准备技巧包括 4 个关键点

（1）脉络清晰、文字精简、重点突出。切记不要把商业计划书中的整段文字复制到幻灯片上。

（2）多使用数字、表格和图片。图片要能吸引注意力，但又不能太花哨，若能加进一小段录像就更好了。

（3）根据演示时间设计幻灯片内容和页数。如果是 20 分钟的演示时间，10 ~ 16 页最为合适；如果只有 10 分钟演示时间，必须准备用更短的时间传达每张幻灯片的主要信息，或者减少幻灯片页数。

（4）演示幻灯片时可以参考商业计划书的摘要，讲清楚市场、产品、实施计划、企业优势、管理人和资金需求；要重点强调企业的盈利能力和投资者的回报，不是技术或产品的先进性。

↘ 在谈判中占据主动

想明白真正要什么

在融资谈判中，真正重要的只有三条：

（1）争取公平有利的结果。

（2）不要为结果而伤害了个人关系。

（3）了解你想达成的交易。

融资企业想要的一定是资金，但不能只想要资金。融资成功只能算是双方关系的开始，而且只是关系的一小部分。共同打造项目，同时保持有建设性的良好关系才是真正重要的。

投融资全过程中，一个好的起点应该是让双方都觉得自己得到了公平的结果，并为能与对方合作感到荣幸。

向拟投资方介绍项目

投融资双方正式会谈的开始，一般由融资企业的主讲人按照事先准备好的幻灯片演示文件向投资方介绍拟融资项目的情况。

除了按顺序讲解幻灯片演示的6个部分外，还需要注意以下问题：

（1）不要浪费很多时间向投资方讲述诸如背景类知识，如互联网的历史、无线通信的大好形势等。

（2）重点讲清楚当前机会的存在和己方团队把握机会的能力。

（3）如果融资企业已经有了不错的业绩，或者已经与业内知名企业建立了合作关系，应该让投资方知道。

（4）在讲到市场机会时，不要强调如何发现了某种需求，再如何满足这种需求，而是强调是自己或团队预测到需求，并将创造市场。因为市场需求是显然可见的，是显性的，而预测的需求是未来的、是隐性的。

（5）准备一两个简短的实例，说明客户对己方的技术需求和能够成功解决客户问题的能力。

（6）虽然投资方都很重视投资回报和退出途径，但这不是由融资企业单方面设计的，若投资方不提出此类问题，不需要主动阐述。

幻灯片演示不仅要注重内容性，还要注重技巧性，融资企业的融资主讲人在进行幻灯片演示时，以下4点必须注意：

（1）演讲时要充满激情，有激情才会有感染力，有感染力才能给人以信心。

（2）演讲时间控制在20分钟左右，再准备20分钟回答投资方提出的问题。

（3）在演讲和回答提问过程中，不要过多说明技术细节，要多谈市场前景。

（4）演讲开始时要能引起投资方的兴趣，结尾时要让人提起精神、建立起投资信心。

谈判的范围和次序必须合理

为了让融资谈判获得好的结果，融资方除了要展现项目前景、自身与团队能力外，还要谨慎、全面地设计，具体参考下图几个方面（见图 11–1）。

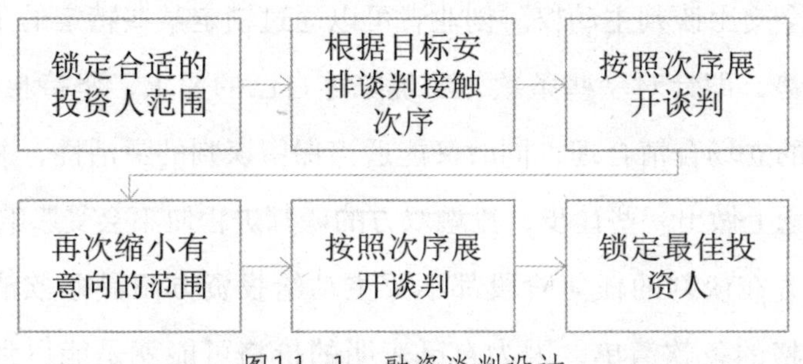

图11–1　融资谈判设计

谈判初期先锁定合适的投资人范围，根据目标安排谈判次序，融资者按照次序和投资者展开谈判，一步步缩小有意向的投资者范围，再根据这个范围进一步确定接近目标投资者的顺序，以锁定最佳投资方。

建立优势与达成一致

在融资过程中，创业者需要做一些事情来增加己方在谈判中的优势。获得优势的最有效途径是从多家投资机构那里获得竞争性的条款清单。然而，同时与多家投资机构打交道需要保持一种微妙的平衡，要考虑时机和信息透明的问题，一旦出了差错，最后可能就是竹篮打水一场空。

首要问题是时机。如果创业者希望每家投资机构在大致相当的时间内出具一份条款清单，这是非常有挑战性的事情，因为投资方的进度往往不容易把控。但若是能够做到在适当的时候减缓一方的进度，又可以利用手上现有的投资条款加快另一方的进度，就等于在融资过程中占据了主导地位。

其次是信息透明。对所有潜在投资人保持适当的信息透明是必要的，但也要保留一些信息，如正在进行谈判的其他投资人的名字或者已经拿到手的投资条款清单，前者可以避免两家投资机构在背后沟通甚至结盟，后者可以防止其他投资机构了解投资进程。

如果只有一家投资机构具有投资意向，创业者也不要因为怕失去“独苗”而完全交出谈判主动权。创业者可以通过锁定某些特定的条款帮助自己建立优势，即针对一些条款，明确陈述自己的要求，坚持自己的立场。只要坚持的立场合情合理，同时又能适当保留谈判的灵活性，并愿意在一些次要问题上做出一些让步，投融双方的谈判进程便不会受影响。

融资方在谈判的任何阶段都不要主动给投资方出具条款清单，尤其是标有价格的条款清单，因为自己表明的价格可能就是能得到的估值上限了。

条款清单一定要投资方出具，融资方只需根据条款清单上出现的问题的先后顺序，制订谈判计划和策略。有经验的谈判者会试图一项一项地达成共识，以避免投资方从整体上把握谈判进程。

如果遇到暂时无法谈拢的条款问题，建议先放一放，从那些能够迅速达成共识的重要事项开始，投资方会因为谈判有进展而欣慰。越是艰难条款的谈判越要放在最后，当所有事项都达成一致时，只剩下一两项还未确定，投资方也会选择做出一些让步，以尽快促成投资意向。

合作性谈判与退出威胁

谈判，不是一件只要开始就一定要有结果的事情，很多时候谈判会不得不中途截止，因为无法达成双赢的谈判继续下去也没有意义。很多人不认可退出止损，觉得已经投入了大量的时间和精力，甚至是情感，还没谈出结果怎么能退出呢？但是，如果靠跌破底线而达成一致，这样的谈判即便谈成了，又有什么意义呢？

在任何谈判开始前，一定要认清己方整体的界限，以及每一个关键点的底线。如果已将底线设定，就会知道对方是否是在试图越界。

在融资谈判过程中，由于融资方多数处于被动地位，一而再再而三打破底线的局面经常出现。建议如果融资方发现自己被推到了一个不情愿涉足的区域，就要明确告诉对方交易是不可能的，然后离开。但在离开前要明确告知自己的底线是什么，如果你的立场坚决明确，对方又有交易兴趣，则双方可能在某个时间会重新回到谈判桌上。如果对方仍执意坚持越线条件，则谈判终止也并非坏事。

↘ 应对拟投资方的提问

投资方希望在简短的时间内，用最少的问题来发现项目的价值和隐藏的风险。融资方为了打动投资方，要预先准备好投资人常会提问的问题的答案。这些常问问题主要包括四大类，分别是技术与产品、市场与销售、管理层与员工、财务状况与资金筹集。

融资方在回答这些问题时，不要简单地只回答“是”或“不是”，但也不要过于纠缠细节，该略的地方略，该细的地方细。

不用回避难回答的问题，也不要隐瞒己方的弱点，要积极面对困难，显示己方已经很认真地考虑过这些困难和弱点，讲一讲要怎样应付存在的挑战。

关于技术与产品的提问

（1）简要介绍科技项目或产品的特性。

（2）项目及产品是处于开发研制阶段还是成形生产阶段？

（3）产品如果仍然处于开发研制阶段，请阐明何时能够完成研制。

（4）科技项目或产品有什么先进性、优势和独到之处？

（5）科技项目及产品的改进与发展方向。

（6）产品或服务能给用户带来哪些实用价值及有效革新？

（7）产品或服务与同类（现有）产品比较有哪些异同之处？

（8）如果研发进展很慢或产品实际成本比预期高，会对将来的销售产生怎样的影响？

（9）公司每年投入产品技术的研究与开发的费用是多少？

（10）产品或服务有哪些替代品？

关于市场与销售的提问

（1）描述产品普通用户的统计特征。

（2）作为一种新产品如何导入市场？

（3）如产品已上市，通过什么销售渠道在哪些市场上销售？销量和毛利分别是多少？

（4）为什么特别针对这个市场而不是另外一个市场？

（5）影响用户群体对此行业及产品满意程度的因素是什么？

（6）如何判定行业的整体销售额和成长率？根据什么得出这些数据？

（7）什么样的行业变化会对产品利润产生较大影响？

（8）产品未来几年的销售额及销售量的预测，占行业市场总体份额的多少？

（9）前有哪些联盟或者合作？下一步将发展什么样的战略合作伙伴？

（10）主要竞争对手是谁？竞争对手的优势及劣势，以及所占的市场份额是多少？

（11）竞争对手对你们推出的新产品有怎样的反应？

（12）如果用户考虑转用你的产品，转换成本高不高？

（13）怎样建立品牌知名度？如何保持用户忠实度？

关于管理层与员工的提问

（1）介绍公司的主要管理人员及职务。

（2）介绍公司管理水平及架构。

（3）介绍公司总经理、财务主管、技术主管和营销主管的业务经验。

（4）为什么你们的管理团队能够很好地实施这个商业计划？

（5）准备如何找人填补团队的不足？

（6）公司主要技术人员和熟练工人来自何处？

（7）有没有人力资源扩充计划？如果有，详细介绍。

（8）如何在控制人力成本的前提下，吸引、激励并且留住人才？

关于财务状况与资金筹集的提问

（1）公司主要股东及所持股份分别是多少？

（2）公司过去几年的财务状况和趋势。

（3）此次要筹集的资金数额是多少？今后 3 年内是否需要再次融资？

（4）如何使用融得的资金？请仔细列明每一项使用项目。

（5）预计公司什么时候将达到收支平衡？

（6）对投资回报及盈利预测做过怎样的估计？

（7）还与哪些投资公司接洽过？进展怎么样？

↘ 谈判过程的几个关注点

清楚、直观地表达

尽管在投融资双方会谈之前，融资者已经预先递交了一份经营计划，但因为参加会谈的投资方中可能有人还没有读过经营计划书，因此融资者在表述时仍要将经营计划的主要内容复述一遍，只有这样才能保证投资方的合伙人都能了解到。

融资者的表达必须简洁、直观且有条理，少用抽象的词汇，让投资方在烧脑指数最低的情况下听明白内容。融资者的简明表述，一方面能节省时间，另一方面也能给投资者预留提问的时间。

此外，融资者的表达还必须诚恳，不附带主观情感，也不掺杂不必要的修饰，一切以直接为原则，以真诚为准绳。

利用数据说话

所谓的现代管理，实际上就是通过数据进行管理。每个创业者都希望市场像水晶球一样透明，以便了解市场增长有多快、规模有多大。但真正愿意花心思去收集市场信息和数据的创业者并不多，依赖第三方对市场进行预测和评估的却越来越多。这样的创业者在寻找投资时，往往无法拿出真实可靠的数据依据。仅仅是一些第三方提供的数据是难以令投资者相信的，可能连创业者自己都未必相信，大家都能明显地看出这只是为了应对投资者的提问而临时准备的。

事实证明，那些努力收集数据信息的创业者总会率先取得投资者的信任，也能更快地取得成功。因为他们每次说出自己的理论时，都有过硬的数据托底，他们可以充满自信地说："根据我们调查的情况，应该这样做……"

保持现实的风度

创业者在做财务模型规划时，应该基于客观现实——在特定的行业中，绝大多数企业都只能获得一般利润。如果一项经营计划显示该企业能获得行业平均利润的 4 倍，不仅不会得到投资方的注意，还会被扔到一边去。因为这明显是脱离现实的，虽然是有极少数企业能够获得远高于行业平均水平的利润，但也要拿出相应的远高于常规经营计划的高端经营计划。

投资界都明白一个道理，做一个一般性企业容易，做大一个企业也不算难，但要做到独角兽级别的企业，那就不仅需要实力，还需要一点点运气。因此，投资者们对于所投项目中的大部分都是只抱有盈利即可的心态，对其中的小部分抱有大宗盈利的期望，只对零星的几个项目才抱有极限盈利的期望。

↘影响谈判成功的重要交易设计

股份比例与控制权

很多创业者常常会徘徊于对资金的迫切需求与对企业控制权的掌控之间，在左右为难之际，往往都会忍痛做出以牺牲控制权来换取资金的决定。其实这样的决定虽然可以理解，但从长远来看是非常不明智的。创业者切记不要急于求成，在企业控制权上决不能妥协，不然即便创业成功了，自己也成了高级打工人了。

企业控制权主要体现在两个方面：股权层面的控制权和董事会层面的控制权（见表 11–1）。

表 11–1　企业控制权的关键点

层面	控制要素	争取目标	避免情形
股权	绝对和相对控股以及否决权	创始股东绝对控股（大于三分之二）或相对控股（过半数）	平分股份、股权分散导致的决策僵局
	投票权和股权分离	通过双层股权结构、一致行动协议、投票权委托等控制投票权	融资过快稀释股权，导致创始人失去对公司的控制
董事会	董事会	争取创始股东对董事人数的绝对或相对控制	非创始股东控制董事会
	日常经营	争取由创始人或创始合伙人兼任公司董事长、总经理和法定代表人	非创始股东控制法人、公章、营业执照及账户等公司印鉴

融资报价

在进行融资报价时，报价要高过预期底牌，这样可以为谈判留出余地，因为投资方一定会不断降低对融资企业的估值。

还可以参考“支点价格原理”进行报价，即以融资方的目标估值为支点，投资方给出的估值比融资方的目标估值低多少，融资方的报价就比自己的目标估值高多少。

例如，某融资企业的目标估值为600万元，投资方给出的估值是400万元，融资企业就还价到800万元。虽然看起来有点儿抬杠的意思，但这是帮助融资方在投资方试图降低估值时能够争取谈判空间的好办法。

确实有投资意向的投资方，不会对融资方给出的高估值就打退堂鼓；而没有投资意向的投资方或者投资意向不坚定的投资方，有时候融资方的估值已经压到很低了，最终仍然不会投资。这样的情况会对融资方接下来的融资之路产生极大负面影响，毕竟其他投资方都知道了，那家企业的估值底线低到怎样的程度了，找任何投资方未来都不会再提高估值了。

投资协议内容

在融资谈判过程中，关于投资协议的问题，融资方与投资方都可以直接表达意见，其中的条款与股权、估值一样，是双方都非常重视的事情。

如果融资方无法达到投资方提出的 ×× 条件，就明确说明原因。比如融资方无法达到投资方提出的对赌条款；融资方不想按投资者的要求进入新领域；融资方不希望投资方以分期投的方式投资……

在一切都尚未落实为白纸黑字时，都是可以商量的。融资交易谈判的达成，必须是投融双方都认可的结果。

第十二章　合同条款清单详解

↘经营类条款

估值条款

融资方与投资方达成一致的估值，将决定融资方会出售企业多少股份与出售每股的价格，进而决定融资后企业股权将被稀释多少。

估值有两种方式，投前估值和投后估值。投前估值是投资方在投资之前对融资企业估值的评估，投后估值则是投资前估值加上预计的总投资额。

比如，某公司按照800万元的投资前估值融资200万元，该公司的投资后估值就是1000万元。投资人投入的200万元，等于购买了该公司20%的股份。

估值条款的表述可以是简单的："投资前估值 ______ 万元。"

也可以是相对复杂的："价格 ______ 元每股（初始购买价格）。此初始购买价格表示完全稀释后的投资前估值为 ______ 万元和完全稀释后的投资后估值为 ______ 万元。"

股份兑现条款

股份兑现是当一名员工被授予股份或股份期权后，会被设置兑现期限。以 4 年兑现期为例，员工在第一年内不会获得任何激励，在工作满 1 年后获得 25% 的激励，剩余部分在未来 3 年逐月兑现。如果员工在 4 年兑现期限结束之前离开企业，根据约定的兑现条件，则不能全额拿到激励。

因此，很多企业将股份兑现作为留住人才的一种手段。如果融资企业实施了这种激励模式，在融资前即便企业尚未设置兑现机制，投资方也会要求企业设置好兑现机制。

典型的股份兑现条款如下：

除非董事会大多数成员（至少包括一名投资方指定的董事）同意批准不同的兑现条款，在交割之后发行给员工、董事、顾问及所有其他服务提供者的所有股份及股份等价物将遵从以下兑现条款：发行后的第一年末兑现 25%，剩余的 75% 在其后三年按月等比例兑现。公司或指定方有权在股东离职时（无论个人原因或公司原因）回购其尚未兑现的股份，回购价格是成本价和当前公允市价的较低者。

行权期条款

行权期条款在条款清单中不太常见，但与股份兑现密切相关。如果员工有一份可以按每股 1 元的价格认购 10000 股股份的期权，可以选择立即支付 10000 元获得这个股份。但员工通常不会立即支付，总要看一看企业将来的发展走向，再决定是否掏钱购买股份。

但是，如果员工离开企业，不论离职原因是主动还是被动，行权期就决定了该离职员工应在多长时间内购买自己的股份。以 180 天期限为例，员工要在 180 天内向企业支付 10000 元的股份认购款，否则这些股份将被没收，重新回到企业的股份期权计划中，以备授予其他员工。

优先跟投权条款

优先跟投权是指如果融资企业发生清算事件，但投资者没有收回投资款，融资企业创始人自清算发生之日起5年内从事新项目的，投资者有权优先于其他投资者对该新项目进行投资，且投资者本次投资额与清算事件中没有收回的投资款相加，共同视为对新项目的投资款。

投资人张三对甲公司投资1000万元，占30%股份。甲公司可分配净资产为2500万元，投融双方约定按投资款的150%优先分配。那么，张三的投资额增值为1500万元（1000万元 ×150%），张三的投资分配额是450万元[（2500万元 –1000万元）×30%]，由此得出张三的总投资额是1950万元（1500万元 +450万元）。

后来甲公司因经营不善而清算，张三收回的投资款为1200万元，尚欠750万元。3年后，原甲公司创始人二次创业，成立乙公司，再次寻找投资，张三具有优先跟投权，决定投资400万元。那么，张三对乙公司的投资款总额是1150万元（750万元 +400万元）。

对赌协议条款

创业早期，最缺的是钱，因此很多融资者都将拿到钱作为融资的核心。投资者往往会抓住融资者缺钱的症结，要求融资者签署对赌协议。

既然是投资方提出的条款，显然不会对融资方有利，一些对赌条款可以说是相当苛刻，几乎没有实现的可能。但被缺钱逼到无路可退的融资者，往往顾不得考虑对赌的结果。但是，无论缺钱到何种程度，还是建议融资者在签署对赌协议时要保持头脑清醒，对于根本无法实现或实现可能性不大的条件要坚决拒绝，对于尚有实现可能但难度较大的条件要讨价还价，不能任由投资方掌握完全主动权。

一般来说，对赌协议中对企业经营的规定分为6个部分，即财务业绩、非财务业绩、赎回补偿、公司行为、股票发行、管理层走向。对赌协议会根据这6项企业信息，对达到目标或未达标目标进行分别规定和解释，其中以财务业绩对赌标的最为常见。

以财务业绩对赌为例，企业达到目标的规定如下：

如果公司完成______万元销售额、______万元总利润（或税前利润）、______万元净利润（或____%利润率）、达到______万元净资产（或几年内的复合增长率达到____%），则投资人按照事先约定的价格进行第二轮注资。

企业未达到目标的规定如下：

如果公司收入没有达到规定目标，则管理层应当向投资人进行现金补偿，其补偿方式根据公式进行计算：应补偿现金 =（1− 年度实际经营指标 ÷ 年度保证经营指标）× 投资人的实际投资金额 − 投资人持有股权期间已获得的现金分红和现金补偿。此外，补偿方式还可以以等额标的公司股权向投资人进行股权补偿，且投资人对公司的管理层控制加强，如增加董事会席位……

↘控制类条款

董事会席位条款

如何设置董事会席位呢？核心在于保护创业者及其团队始终占据多数董事会席位，拥有对企业的控制权。

董事会席位最好是奇数。我国《公司法》规定，有限责任公司的董事会成员为3 ~ 13人，股份有限公司的董事会成员为5 ~ 19人。法律没有明确规定董事会人数不能为双数，但如果董事会席位是双数，企业决策就会很容易陷入投票僵局。

企业融资会陆续带来董事会人数和人员的变化，建议首轮融资后的董事会成员不超过5人，创始人仍有最多份额的股份。

如果投资人只有一个，理想的董事会构成应当是“三人制”，即两名普通股股东和一名投资人。

如果投资人有两个，理想的董事会的构成应当是“五人制”，即三名普通股股东和两名投资人。

一些投资者会在投资条款中加入“CEO必须占据一个董事会的普通股席位”的内容要求，看似很合理，但仍然为未来夺取企业控制权埋下了伏笔。在创始人担任CEO时，一切假设都不会发生。但如果更换了CEO，新CEO和投资方站在一起，则“CEO+投资人”的组合足以拿下董事会控制权。

一般情况下，投资条款清单中的董事会席位条款是“创始人+创始人CEO+投资人”的模式，但也有一些其他可供选择的模式：

（1）适用于只有一个创始人的融资企业：一个创始人席位+一个投资人席位+一个由创始人提名董事会一致同意并批准的独立董事。

（2）适用于有两个或多个创始人的融资企业：一个创始人（A）席位+一个CEO（创始人B）席位+一个投资人席位+一个由创始人或CEO提名董事会一致同意并批准的独立董事。

领售权条款

领售权也称“强制出售权”或“拖售权”，是指融资企业在一个约定期限内没有实现上市，投资人有权要求主动退出，并强制性要求企业创始人股东和管理层股东与自己一起向第三方机构转让股份。

典型的领售权条款如下：

普通股股东或创始人和A系列优先股股东应该签订领售权协议，据此，如果大多数A系列优先股股东同意出售或清算公司，其余的A系列优先股股东和普通股股东应该同意，并不得对此类出售提出任何异议。

如果投资者要求这项权利，融资者必须慎重考虑，权衡此次融资是否值得冒险。从原则上说，应对领售权要求最好的办法是拒绝接受该条款，因为一旦接受就会受制于投资方，只是程度不同而已。

如果投资方要求必须加入领售权条款，为了避免遭遇领售权危机，融资方可以从5个方面来应对：

（1）限制发起领售权的股东数量。建议要求取得半数以上投资人和创始人股东的同意才能发起领售权，坚决拒绝所有股东能单独发起领售权的要求的条款。

（2）提高触发领售权的股权比例。触发领售权条款的股权比例越高越好，比如规定必须是全部或者三分之二以上私募股权要求行使领售权，该条款才能触发。

（3）限制领售权启动时间。延长领售权的行使时间，可以防止投资人违背设立该条款的初衷，而滥用该项权利。如果投资人拥有领售权，要规定其不能在投资的若干年（如1～2年）内行使，可以约定交割年限（如5年）到达后启动领售权。

（4）限制受让方。约定购买企业主体的不能是竞争对手、投资人投资的其他企业、与投资人有任何关联的企业及个人。

（5）设定原有股东的优先购买权。如果融资企业原有股东享有优先购买权，当投资人行使领售权出售企业股权时，企业创始人或其他股东可以以同样的价格和条件将投资人欲出售的股权买下，避免企业股份甚至企业主体被第三方收购。

知情权条款

知情权条款对融资者无关紧要，但对投资方却很重要，定义了投资方依法可以获取企业经营的信息类型，以及企业应该将必要信息传达给投资方的时间范围。

典型的知情权条款如下：

只要投资人继续持有（任何数量的）A系列优先股或由A系列优先股转换来的普通股，公司就应该向投资人提交该公司的年度预算，以及经审计的年度财务报表和未经审计的季度财务报表。并且，公司应该在合理的情况下尽可能快地完成年度预算与财务报表的比较报告，并提交给每位投资人。每位投资人都有标准的检查权和视察权。这些权利在合格IPO后自行终止。

投票权条款

投票权定义了在投票时优先股和普通股是如何相互联系的。多数时候，投票权只是一个仅供参考的内容，因为所有重要的权利都已经包含在其他条款里了。

典型投票权条款如下：

除非特殊要求或法律规定，A系列优先股股东应与普通股股东一同投票。普通股的数量增减由优先股股东按照转换后可持有的普通股数量与普通股股东共同投票决定，而不是以单独股东类别投票决定。每股A系列优先股可投票的数额等于该A系列优先股每股可转换成的普通股股数。

一票否决权条款

一票否决权是指投资方派一名投资人董事对企业经营的重大事项拥有一票否决权，目的是保护投资方的利益不受企业经营方（融资方）的侵害。当投资方就某项重大事宜投出“否决票”时，企业就不能进行该事宜的任何操作。投资人可以直接否决的损害自己利益的企业行为，一般来说涉及两大类，即关于公司经营重大事项的股东会决策和关于公司日常重大事项的董事会决策（见图12–1）。

关于公司经营重大事项的股东会决策	· 融资导致的股权结构变化 · 公司合并、分立或解散 · 涉及股东利益分配的董事会以及分红 · 公司章程变更
关于公司日常重大事项的董事会决策	· 终止或变更公司主要业务 · 高层管理人员的任命与免职 · 对外投资等预算外交易 · 非常规借贷或发债 · 子公司股权或权益处置

图12-1　一票否决权的范围

如果投资方要求一票否决权，融资方不是一定不能同意，但要设置一些限制，不能让投资方任何时候都能使用这项权利。一般来说，可以从两个方面去限制：

（1）限定投资人只能在特定事项上使用一票否决权。比如当企业以不低于特定估值被收购时，投资人不可以使用一票否决权，避免投资人对回报期望太高，阻止正常收购。

（2）限定一票否决权的行使主体的人数。比如要求一票否决权的行使主体需要过半数或三分之二以上投资人同意，防止单个投资人为了谋取个人利益而不顾及大多数投资人利益使用一票否决权。

在通常情况下，种子期和天使轮阶段因为融资金额较小，投资人一般不会要求一票否决权。A 轮及后续融资，多数投资人都会坚持要求一票否决权。

反稀释条款

反稀释条款可以在企业以低于前序融资轮次的估值发行股份时，保护投资人的利益。反稀释的方式有加权平均反稀释和完全棘轮反稀释。

典型的反稀释条款如下：

如果公司发行新的权益证券，A 系列优先股的转换价格将根据“完全棘轮 / 广义 / 狭义加权平均”的方式进行反稀释调整，但发行以下股份除外：①预留在公司期权池中的员工股份；②董事会批准的兼并、合并、收购或其他类似的企业合并而发行的用于代替现金支付的股份；③董事会批准的依据设备贷款或设备租赁协议、不动产租赁协议以及从银行或类似财务机构债券融资而发行的股份；④与以下情况有关的股份：当购买价格低于当时适用的 A 系列优先股转化价格，持有大部分 A 系列优先股的股东放弃反稀释权；当股份发行包括分批发行或多重交割时，反稀释调整应按照所有股份都已在首次交割时发行来计算。

↘ 交易类条款

优先购买权条款

优先购买权也称为“按比例投资权”，定义的是投资方在融资企业的后续融资中优先购买股份的权利。

优先购买权条款通常为两种形式：

（1）融资方为防止股份被过度稀释，规定投资方按持股比例参与优先认购。常规表述为“如公司未来进行增资（向员工发行的期权和股份除外），投资人有权按其届时的持股比例购买该等股份”。

（2）融资企业发生后续融资，投资方可以享有优先购买全部或部分股份的权利。常规表述为“公司上市之前，股份持有者尚未向其他股份或优先股的已有股东发出要约，则不得向第三方转让其股份。根据优先购股 / 承股权，其他股东有优先购买待售股份的权利”。

转让条款

转让条款给予了投资方在融资企业业务运营所需的转让权上的灵活性，只要投资方已经要求任何受转让者同意遵守所有已生效的融资协议，融资企业就应为此次转让提供便利条件。

典型的转让条款如下：

每位投资人应有权将其购买的A系列优先股中的全部或部分转让给一家或多家其管理的附属合伙企业或基金，或转让给这些企业或基金的董事、主管或合伙人，条件是受转让者书面同意像原投资人一样依据并遵守股份购买协议或相关协议的规定。

限售权条款

限售权也称为“普通股的优先购买权”，定义了融资企业出售股份时的相关要素。该条款能够协助融资方控制企业的股东基础，通常有利于现有股东，因此应该得到融资方和投资方的共同支持。

典型的限售权条款如下：

公司章程应包括所有普通股转让时的优先购买权，特殊情况除外。如果公司选择不执行这项权利，应将这项权利指定给投资人。

回购权条款

回购权让投资方可以将持有的股份卖回给融资企业，以获得有保障的回报，因此回购权为投资方提供了额外的下行风险保护。

典型的回购权条款如下：

如果投票时大多数的A系列优先股股东同意，公司应该从交割后的第N年（如5年）开始，分N年（如3年）回购已发行的A系列优先股。回购价格应等于初始购买价格加上已宣布但尚未发放的股利。

共售协议条款

这项协议规定，如果一位融资企业的创始人出售股份，则投资方也应有权利出售相应比例的股份。

典型的共售协议条款如下：

创始人持有的公司证券应遵循与投资人的共售协议（某些合理的情况除外），据此创始人不得出售、转让或转换他们的股份，除非每位投资人有机会按比例参与这样的出手。共售权不适用于合格 IPO，而且在合格 IPO 时自行终止。

↘其他条款

融资先决条件条款

融资先决条件条款通常位于条款清单的后半部分，看起来不是很关键，但优势也会给投资方提供额外的出路，融资方需小心对待。

典型的融资先决条件条款如下：

除了此处包含的投资人和公司明确同意对执行该投资条款有约束力的“法律费用和开始”“排他性协议”和“适用法律”条款以外，本条款清单并不是投资人给出的具有法律约束力的承诺。投资人的任何义务都需公司满足以下先决条件：①完成满足潜在投资人要求的法律文件；②协助潜在投资人圆满完成尽职调查；③已提交授权投资人具有常规管理权的文件；④已提交投资人可接受的未来 12 个月的详尽预算。

清算优先权条款

清算优先权是指投资者在所投企业清算或结束业务时，具有优先于其他普通股东获得财产分配的权利。

清算优先权的固定计算方法是：优先清算权＝优先权＋分配权。

投资人李四向乙公司投资了3000万元，占30%股份。乙公司的可分配净资产为8000万元，优先清算权条款规定按投资款的1.5倍优先进行分配。那么李四的投资额增值为4500万元（3000万元×1.5），李四的优先权的投资分配额是1500万元[（8000万元–3000万元）×30%]，得出李四的总投资额是6000万元（4500万元+1500万元）。

清算优先权是在清算事件出现后才会生效，对于融资企业的创业者来说，这不是好事，预示着企业破产，但对于投资方来说，这只是一件“资产变现事件”。具体指股东通过企业合并、被收购或控制权变更等方式出让企业权益而获益。

典型的清算优先权条款如下：

公司合并、被收购、出售投票控制权从而导致公司现有股东持有存续公司已发行股份的比例不再占多数，或出售公司全部或主要资产，以上事件可以被视为清算事件。任何并购协议中如果存在托管及或有对价的情况，都应该在分配这些或有对价时，正确计算优先股的清算优先回报。

专有信息及发明协议条款

对于任何企业来说，知识产权的保护与控制都非常重要，因此专有信息及发明协议条款既有利于融资方，也有利于投资方，几乎在每一份条款清单中都会包含此项。

典型的专有信息及发明协议条款如下：

公司创始人及每一位现任或前任高管、每一位现任或前任主管、每一位技术员工和咨询顾问都应签订专有信息及发明协议。

赔偿条款

赔偿条款规定，融资企业应依法给予投资方和董事会成员可能的最大限度的赔偿，这是--项融资方必须接受的条款。

典型的赔偿条款如下：

公司章程或其他注册文件应在适用法律允许的最大范围内限制董事会成员的责任和损害风险。公司应对董事会成员和每位投资人因任何第三方（包括公司的任何其他股东）因本次融资向投资人提出的任何索赔予以赔偿。

排他性条款

排他性条款，是指禁止融资企业在与投资者进行谈判的同时和其他投资者接触的条款。在现实情况中，目标企业很可能同时与多个投资者进行谈判接触，有时甚至会利用一个投资者去逼迫另一个投资者，即利用投资者之间的竞争谋取利益。

典型的排他性条款如下：

公司同意有诚意地尽快达成交易。公司及其创始人同意他们不得直接或间接地：①采取任何行动来征求、发起、鼓励或协助其他任何法人或企业的任何提议、谈判或要约的提交：除投资人以外的，与出售或发行该公司的股票或者对该公司的股票或资产的重要部分进行的收购、出售、租赁、许可或其他处置有关的事项；②进行与前述事项相关的任何讨论、谈判或执行任何相关协议，并应立即通知投资人任何第三方关于前述事项的请求。

第十三章　融资过程中的股权稀释

↘ 融资不等于股权转让

融资是投资人成为企业新股东的过程，也称为“增资入股”。增资入股与股权转让最大的不同在于受益人不同，股权转让属于股东套现获利，增资入股的受益对象为整个企业。

融资稀释股权

投资人增资入股将同比减少原股东的股权比例，这就是融资导致的股权稀释。

丙公司天使轮融资 100 万元，让出公司 10% 的股权，则原股东的股权都要等比稀释为原来的 90%（100%-10%）。该公司有两位创始股东，持股比例分别是 70% 和 30%，融资后就变成了 63%（70%×90%）和 27%（30%×90%），剩余的 10% 股权为投资人持有。

股权稀释后就要重新计算企业的注册资本。仍以丙公司为例，原注册资本为 200 万元，两位股东分别出资 140 万元和 60 万元。假定融资后的注册资本为 Q，则 Q=140 万元 +60 万元 +Q×10%，得出丙公司融资后的注册资本为 2222222 元，投资人需要投入的资本则是 222222 元（2222222

元 ×10%）。

股权转让只影响转让股东

在融资过程中，如果创始股东选择转让企业股权，则融资过程中只对转让股权的股东股权造成影响。比如，丙公司的创始股东转让10%的股权给投资人，则该公司的股权结构变更为60%、30%、10%，未转让股权的原小股东的股权不受影响，该公司的注册资本也不会发生变化。

从天使轮到D轮的股权稀释演化过程

一般情况下，企业融资可以分为以下几个阶段：

创立——自己出注册资本金；

天使——投资人“看人下菜”；

A轮——经过基本验证，具有可行性；

B轮——发展一段时间，企业运转上了轨道；

C轮——继续发展，业务全面展开；

D轮——加速发展，看到了上市的希望；

IPO——投资人可能要套现离场。

天使轮融资不宜让出过多股权，最多要控制在10%左右，否则创始人及团队可能会在A轮过后就失去了对企业的绝对控制权，再经过B轮、C轮的稀释后，可能就将丧失对企业的控制权。

下面是某公司经过5轮融资过程的股权稀释演化情况（见表13-1）。注意该公司在天使轮就出让了20%的股权，且表中并未考虑员工激励期权池与新加入股东的可能股权要求。如果再计入5% ~ 20%的员工激励期权池，以及新加入股东可能的5% ~ 15%的股权，创始人及团队的股权稀释将更为严重。

表13-1　某公司的股权稀释演化历程

股东	融资前股比	天使轮融资后股比	A轮融资后股比	B轮融资后股比	C轮融资后股比	D轮融资后股比
张三	70%	56%	44.8%	38%	34.2%	30.8%
李四	30%	24%	19.2%	16.4%	14.6%	13.2%
天使投资人		20%	16%	13.6%	12.2%	11%
A轮投资人			20%	17%	15.5%	13.8%
B轮投资人				15%	13.5%	12.2%
C轮投资人					10%	9%
D轮投资人						10%

股权稀释的影响

在表 13-1 中，经过多轮融资后，公司股东是两名创始股东加上四位合伙人。股权稀释带来的主要影响体现在三个层面：

1. 股东会层面

未进行融资前，创始股东张三持股 70%，在没有特别约定的情况下，其拥有三分之二以上的表决权，对公司享有绝对控制权。

多轮融资后，创始股东张三的股权比例下降至 30.8%，不仅丧失了对公司的绝对控制权，连相对控制权线（超过 50%）和一票否决权线（超过 33.4）也未能守住。直接后果是，股东会的所有决议事项，即使张三同意也无法通过决议。一般情况下，创始股东丧失对企业的控制权，必将对企业发展造成重大的不利影响。

2. 董事会层面

投资者向融资企业增资，往往会要求增加董事会成员人数和委派董事；同时约定董事会对某些事项进行决议时，须征得其董事的同意或其董事拥有否决权。由此便削弱了创始股东在董事会中的影响力。

3. 经理及其他高管人事安排

投资者对融资企业增资时，可能对经理及其他高管的人事安排提出要求，对经理的职权等事项重新做出安排，由此影响企业的日常管理。

↘ 如何在融资中做到股权不被稀释

在企业各轮融资的过程中，为了避免新投资人加入造成老投资人股份贬值，更加为了保护创始股东对企业的控制权，都会在融资协议中加入反稀释条款（包括完全棘轮条款或加权平均条款）。

反稀释条款

如果没有反稀释条款的保护，创始股东或早期投资人极有可能因为股权稀释被淘汰出局。

反稀释包括两个内容：①防止股权比例降低；②防止股份贬值。条款主要针对可转换优先股。

1. 防止股权比例降低

两项条款可以起到作用：

（1）转换权条款：指在企业发生送股、股份分拆、合并等情况时，优先股的转换价格应做相应调整。某公司的优先股按照 10 元 / 股的价格发行给投资人，初始转换价格为 10 元 / 股。后来公司决定将每 1 股分拆成 5 股，则优先股新的转换价格应调整为 2 元 / 股，对应每 1 股优先股可以转为 5 股普通股。

（2）优先购买权条款：要求企业在进行下一轮融资时，此前一轮的投资人有权选择继续投资，并且获得至少与其目前股权比例相应数量的新股。

2. 防止股份贬值

企业在成长过程中需要多轮融资，但谁也无法保证每次融资时发行股份的价格都是上涨的，投资人往往会担心由于下一轮降价融资导致自己手中的股份贬值，因此要求获得保护条款，也就是反稀释条款。在实际情况中，这样的反稀释条款主要分为完全棘轮条款和加权平均条款。

完全棘轮条款

如果企业后续发行的股份价格低于拥有完全棘轮反稀释保护的投资人的股份购买价格，则原投资人的实际转化价格也要降低到新的发行价格。这种方式仅考虑低价发行股份时的价格，不考虑发行股份的规模。

某公司 A 轮融资 200 万元，按 10 元 / 股的初始价格共发行 A 轮 20 万股优先股。在 B 轮融资时，优先股的发行价跌为 5 元 / 股，根据完全棘轮条款的规定，A 轮优先股的转换价格也调整为 5 元 / 股，则 A 轮投资人的 20 万优先股转换为 40 万股普通股。

完全棘轮条款对投资人有利，经营风险完全由融资企业经营者承担，所以通常会加入一些限制性条件：

（1）只在后续第一次融资（B 轮）才适用。

（2）在本轮投资后的某个时间期限内（如 1 年）融资时才适用。

加权平均条款

在加权平均条款下，如果后续发行的股价低于 A 轮的转换价格，那么给 A 轮优先股重新确定转换价格时，既要考虑新一轮的发行价格，还要考虑股份数量在计算时可使用加权平均条款的计算公式（见图 13–1）。

$$OA=OB\times\frac{OC+OE}{OC+OD}=\frac{OB\times OC+OF}{OC+OD}$$

图13–1　加权平均条款的计算公式

公式中：

OA——A 系列优先股的调整后新转换价格。

OB——A 系列优先股在后续融资前的实际转换价格。

OC——后续融资前完全稀释时的股份数量或是已发行优先股转换后的股份数量。

OD——后续融资时机发行的股份数量。

OE——后续融资额应能购买的股份（假定按当时实际转化价格发行）。

OF——后续融资现金额（不包括从后续认股权和期权执行中收到的资金）。

加权平均条款有两种细分形式：①广义加权平均条款；②狭义加权平均条款。区别在于对后轮融资时的已发行股份及其数量的定义：

（1）广义加权平均条款：计算已发行的普通股（包括优先股可转换成的普通股），以及通过执行所有其他期权（包括员工期权）、认股权、有价证券等获得的普通股数量。

（2）狭义加权平均条款：只计算已发行的可转换优先股能够转换的普通股数量，不计算普通股和其他可转换证券。

某公司 A 轮融资 200 万元，按 10 元 / 股的初始价格共发行 A 轮 20 万股优先股。已发行普通股为 30 万股。B 轮融资 300 万元，按 5 元 / 股的初始价格共发行 B 轮 60 万股优先股。

广义加权平均计算新的转换价格为：

转换价 = [10×（20 万股 +30 万股）+5×60 万股]÷（20 万股 +30 万股 +60 万股）= 7.27 元

转换量 = 200 万元 ÷7.27 元 = 275103 股

狭义加权平均计算新的转换价格为：

转换价 =（10×20 万股 + 5×60 万股）÷（20 万股 + 60 万股）= 6.25 元

转换量 = 200 万元 ÷6.25=32 万股

经过加权转换之后，A 轮投资人的 200 万元分别可以转换为 27.5 万股和 32 万股，相对于完全棘轮条款下可以转换为 40 万股要公平一些。

↘ 如何在股权稀释后掌握企业控制权

股权是吸引到投资方的重要砝码，没有投资方愿意学雷锋，不对融资企业提出股权要求的。因此，企业只要进行融资，就免不了要稀释掉创始股东的股权。在融资过程中，创始股东可以尽量减少股权的让出，即便如此，经过多轮融资后，股权稀释的情况仍然十分严重，如果不进行必要的控制权设计，创始股东失去对企业的控制权就并非杞人忧天。本节就逐一阐述那些能够帮助创始股东拿稳企业控制权的办法。

双重股权结构

双层股权结构又称为“AB 股模式”，是一种通过分离现金流和控制权对企业实行有效控制的手段。企业的股份通常分为 A 和 B 两个等级，不同等级的股份具有不同的表决权（仅限于投票权）。A 类股对应每股有 1 票投票权，B 类股对应每股有 N 票（通常为 10 票）投票权。A 类股一般为外部投资者持有，此类股东看好企业前景，甘愿牺牲全部或部分表决权换取入股机会。B 类股一般由企业创始人 / 团队和管理层持有，通过少量控股达到多数控制投票权的目的。

张三作为甲公司创始人，经过 3 轮融资后持股 45%，3 位外部投资股东李四、王五、赵六分别持股 25%、20%、10%。

如果甲公司采用常规股权制度，则张三的控股占比未过半，对于公司需要过半数股东同意的事项没有决策权，对于公司需要经过三分之二股东同意的重大事项更不具有决策权。

如果甲公司采用双重股权制度，对外部投资者李四、王五、赵六发行A类股票，创始人张三和管理层持有B类股，规定A类股对应每股有1票投票权，B类股对应每股有10票投票权。假设甲公司的注册资本为1000万股，则张三的投票权为4500万票（450万股 ×10票），李四的投票权为250万票（250万股 ×1票），王五的投票权为200万票（200万股 ×1票），赵六的投票权为100万票（100万股 ×1票）。则甲公司总表决权为5050万票（4500万票 + 250万票 + 200万票 + 100万票），则甲公司的表决权比例为：张三占89.11%（4500万票 ÷5050万票），李四占4.95%（250万票 ÷5050万票），王五占3.96%（200万票 ÷5050万票），赵六占1.98%（100万票 ÷5050万票）。

因此，双重股权结构的好处是，即使创始股东失去了多数股权，但因掌握拥有更多投票权的B类股，仍可以持续掌控企业。这种“同股不同权”仅适用于表决权，与股票的所有权、收益权、分红权不发生关系，每股的价值不变。

一致行动人协议

投资者通过协议、其他安排，与其他投资者共同控制其所能够支配的一个上市企业股份表决权数量的行为。

一致行动人分为狭义和广义两种：狭义的一致行动人是指在上市企业收购过程中，联合起来收购一个目标企业股份，并就收购事项达成协议的两个以上的人，也称为“联合收购人”；广义的一致行动人是指不仅包括联合收购人，还包括在证券交易和股东投票权行使过程中采取共同行动的人。对于公司控制权的掌握是广义上的一致行动人。

掌阅科技股份有限公司于2017年9月在A股上市，彼时第一大股东张凌云持股30.42%，第二大股东成湘均持股28.9%。为了更好地实现对公司的控制，张凌云和成湘均于2015年2月28日签署了《一致行动协议》

和补充协议。协议中的重要约定如下：

（1）在掌阅科技股东大会审议相关议案行使表决权时，双方确保作为掌阅科技的股东行使权利时各方意见保持一致。

（2）在行使对掌阅科技的任何股东权利时，两人须协商一致，形成一致意见行使股东权利。

（3）在行使对掌阅科技的任何董事、管理层权利时，各方须协商一致，形成一致意见行使董事、管理层权利。

（4）两人行使股东、董事、管理层的提案权、表决权等权利无法形成一致意见时，以成湘均的意见为准。

（5）协议有效期为十年。

通过这份《一致行动协议》，张凌云和成湘均合起来拥有掌阅科技公司 59.32% 的股份和同等投票权，占据公司投票权总数的过半数，成为公司实际控制人。

投票权委托

投票权委托也称“表决权代理”，是指企业部分股东通过协议约定，自愿将其所拥有的投票权委托给其他特定股东行使，这个特定的股东往往是企业的创始人。

在新三板挂牌的朋万科技公司，第一大股东是孟书奇，持股比例达 35.27%，第二大股东为创始人刘刚，持股比例为 29.25%。

为了公司能够良性发展，孟书奇自愿与刘刚签署《表决权委托协议》，将其持有的 35.27% 公司股份中除分红权和涉及委托人所持股份的处分事宜之外的其他权利委托给刘刚代为行使。协议中的重要约定如下：

（1）代为提议召开临时股东会或股东大会。

（2）代为行使股东提案权，提议选举或罢免董事、监事及其他议案。

（3）代为参加股东会或股东大会，行使股东质询权和建议权。

（4）代为行使表决权，并签署相关文件，对股东会和公司股改后股东大会每一审议和表决事项代为投票，但涉及分红、股权转让、股权质押、增资、减资等涉及委托人所持有股权的处分事宜的事项除外。

（5）委托人对表决事项不做具体指示，代理人可以按照自己的意思表决，但应伴随着考虑委托人利益并兼顾公司发展的原则。

（6）其他与召开股东会或临时股东大会有关的事项。

（7）现行法律法规或者公司章程规定的除分红权以外的其他股东权利，但涉及股权转让、股权质押、增资、减资等委托人所持股权的处分事宜的事项除外。

（8）受托人行使本授权委托书委托权限范围内的事项所导致的一切后果由委托人承担。

通过上述委托协议，刘刚虽然只持有公司 29.25% 的股份，却掌握了公司共计 64.52% 的投票权，成为公司的实际控制人。

一票否决权

一票否决权条款，是保护投资方的利益不受融资方的损害。同理，一票否决权也适用于保护融资方的利益不受投资方损害。

乙公司由牛七和马八联合创立，因为缺少资金又引入了两位投资人孙九和陈十。其中，牛七出资 35 万元，马八出资 10 万元，孙九出资 40 万元，陈十出资 15 万元。股权分配为：牛七占股 40%，马八占股 10%，孙九占股 14%，陈十占股 6%，预留 30%。牛七为公司法人代表，与马八分别担任公司总经理与副总经理，负责公司经营管理，孙九和陈十不参与公司日常管理。

乙公司的股权划分依据如下：

牛七出资第二多，但作为公司的主要经营管理者，其股份占比比出资占比多出 15%；马八虽然出资最少，但对公司经营贡献较大，其股份占比高于出资占比；孙九虽然出资最多，但考虑其只是出资人的身份，不参与日常经营管理，其股份占比为出资占比的一半；陈十也是出资人，但出资少，又不参与日常管理，其股份占比同样是出资占比的一半。乙公司的股权设计看似合理，既考虑到了资本数额与实际管理的贡献差异，还预留出部分股权做进一步融资准备。但如果将孙九和陈十看作是天使轮投资人，他们一次性得到的股权就显得太多了。

牛七作为公司实际控制人，在公司刚成立之时股权就降至 50% 以下，对公司既不能形成绝对控制，也不能形成相对控制，所拥有的只是一票否决权。现实中，仅仅掌握一票否决权的创始股东往往不足以保护自己对企业的控制权，在彼此相处融洽时也许不存在控制权风险，但一旦有了嫌隙，控制权就岌岌可危了。因此，仅拥有一票否决权的创始股东还要进行其他控制权设计，以巩固自己对企业的实际控制权。

唯一的利好是，公司预留了股权池，在接下来的融资过程中基本不会再有过多的股权稀释了。但随着公司不断壮大，就会发现当初只是出资不管经营的孙九和陈十才是真正的赢家，尤其是孙九，仅靠少量出资就能占据不菲的股权比例，在未来将收获源源不断的利益。

第十四章　融资过程中的债权设计

↘ 债权设计的要害

企业评级授信

企业授信是指商业银行为企业客户提供资金，或对客户在相关经济活动中有可能产生的赔偿、支付责任做出的担保，包含贷款、贸易融资、融资租赁、透支、各项贷款等表内业务，以及票据承兑、开出信用证、备用信用证、信用证保兑、债券发行担保、借款担保、有追索权的资产销售等表外业务。

表内业务是指资产负债表中，资产与负债栏目可以揭示的业务。

表外业务是指资产负债表中，资产与负债栏目不能揭示的业务。

企业授信等级是商业银行依据企业实际情况、客户需求及自身业务特性而划分的等级。在融资过程中的债权设计需要参考银行对企业的评级授信情况，从而挑选出优质的投资方。

以中国农业银行的授信等级为例，分为五个等级：AAA 级、AA 级、A 级、B 级、C 级（见表 14–1）。

表 14–1 中国农业银行授信等级

评级条件	授信等级				
	AAA	AA	A	B	C
总得分X	X≥90	80≤X<90	70≤X<80	60≤X<70	X<60
资产负债率得分a	满分	满分	a≥5	a<5	--
利息偿还率得分b	满分	满分	b≥8.1	b≥2.7	b≤2.7
到期信用偿付率得分c	满分	c≥10.8	c≥9.5	c≥3.6	c≤3.6
现金流量指标得分d	d≥5	d≥3	--	--	--

注：C 级企业还存在：生产设备、技术和产品属国家明令淘汰，资不抵债，企业停产半年以上，逃废银行债券等问题。

以中国进出口银行的授信等级为例，分为六个等级：AAA 级、AA 级、A 级、BBB 级、BB 级、B 级（见表 14–2）。

表 14–2 中国进出口银行授信等级

评级条件	授信等级					
	AAA级	AA级	A级	BBB级	BB级	B级
总得分X	X≥90	80≤X<90	70≤X<80	60≤X<70	50≤X<60	X<50
各项经济指标	很好	良好	尚可	一般	较差	很差
经营管理状况	很好	良好	尚可	一般	较差	很差
经济效益	很好	良好	稳定	较差	较差	很差
偿债能力	很强	较强	尚可	存在难度	较大难度	很大难度
支付能力	很强	较强	尚可	存在难度	较大难度	很大难度
企业信誉度	高	良好	尚可	存在风险	较高风险	很高风险

抵押担保

抵押担保是指债务人不转移对某些特定物的占有，而将其作为债权的担保。若债务人不 / 不能履行其债务时，债权人有权依法以拍卖、变卖、折价等形式出售该财产，并取得该财产的价款优先受偿权。

抵押担保有 4 个特点：

（1）抵押人可以是第三人或债务人自己，在保证担保过程中，债务人自己无法作为担保人。

（2）抵押物可以是动产或不动产；质押物只能是动产。

（3）抵押人不转移抵押物的占有，抵押人可继续占有、使用抵押物；质押物则必须转移于质权人占有。

（4）抵押权的行使须以债务人不 / 不能履行债务为前提；优先受偿权是抵押担保的核心。

项目现金流

现金流相当于企业的血液，每周转一次都会产生营业收入与利润。一个融资项目的现金流可以从 3 个方面衡量：

（1）回款期限：衡量项目花费多长时间收回账款。

（2）存货周转率：衡量项目中的销货成本与平均存货余额的比例。

（3）付款日期：衡量项目从收到货物到付款的时长。

↘ 债权融资类型

债权融资是指企业以借钱的方式进行融资，承担使用所融得资金的利息，且在借款到期后向债权人偿还资金的本金的行为。债权融资常见的类型有银行融资、信用担保、融资租赁、票据贴现融资、信用证融资、保理融资、资产证券化融资和项目融资。

债权融资方式主要用于解决企业资金短缺的问题，无法用于包括各国间股票、债券、证券等交易，以及一国政府、居民或公司在国外的存款的开支。

银行融资

银行融资是以银行为中介的融通资金活动，具有3个特征：

（1）灵活多样——银行可提供不同数量、不同方式、期限长短不一的融资选择。

（2）信用累计——信用可积少成多、续短为长。

（3）降低风险——在授信之前，专家会对调研资料进行可行性研究，之后做出决策。

短期贷款利率分为两个层级：6个月以内；6～12个月。短期贷款执行合同利率，不分段计息。

中长期贷款利率分为3个层级：1～3年；3～5年；5年以上。中长期贷款利率实行分段计息。

信用担保

信用担保属于第三方担保，其基本特质是保障债权实现，促进融资和其他生产要素的流通。具体操作模式是：企业在向银行融资的过程中，依据合同约定，由担保机构为债务人提供担保，在债务人无法依约履行债务时，由担保机构履行合同约定的偿还责任，以保障银行债权实现。

信用担保具有信用体系建设、使正确统一的信用信息被金融机构和贷款企业共同分析和享用的作用。

融资租赁

出租方依据承租方的请求，与承租方订立租赁合同，与第三方订立供货合同，出租方依据供货合同购买承租方选定的设备，再依据租赁合同将购买的设备出租给承租方，并向承租方收取一定的租金。

中小企业采取融资租赁方式所享有的还款期限可达3年，而还款还可以选择分期方式，能极大地减轻短期资金压力。

融资租赁有5个特点：

（1）租赁物由承租方决定，在租赁期间内只能租给一个承租方使用。

（2）承租方负责检查第三方所提供的租赁物，出租方无须对租赁物的质量与技术做出担保。

（3）出租方拥有租赁物的所有权，承租方在租赁期间享有使用权，并负责此期间租赁物的管理、维护和保养。

（4）在租赁期间，出租方与承租方均无权单方面撤销合同，除非租赁物毁坏或被证明已失去使用价值的情况下才能中止执行合同，无故毁约的一方需支付罚金。

（5）租期结束后，承租方可以选择留购和退租，若选择留购，购买价格由租赁双方协商确定。

票据贴现融资

票据贴现融资是企业为加快资金周转向银行提出的金融需求。具体操作模式是：持票人（融资企业）持银行承兑汇票、商业承兑汇票，或者卖方企业在出售商品后持买方企业支付的商业汇票，到银行申请办理贴现，并向银行支付贴现利息。

申请票据贴现的主要条件如下：

（1）符合《中华人民共和国票据法》规定签发的有效汇票基本要素。

（2）单张汇票金额不超过人民币1000万元。

（3）承兑人具有银行认可的承兑人资格。

（4）承兑人及贴现申请人资信良好。

（5）汇票是以合法的商品交易为基础。

（6）汇票的出票、背书、承兑、保证等符合相关法律法规的规定。

信用证融资

信用证融资是指在国际的贸易中银行向进口企业融资的方式。具体操作模式是：商业银行按进口企业的请求，向出口企业开放信用证，准许出口企业对开证银行、代理银行开立一定金额的汇票，在单据符合信用证有关条款的条件下，银行担保付款。

因在国际贸易活动中买卖双方很难建立完全信任，买方担心预付款后卖方并未准时发货，卖方担心在发货后买方不付款。因此，需要两家银行充当买卖双方的保证人，以银行信用替代商业信用（见图 14-1）。银行在这一过程中所用的工具就是信用证。

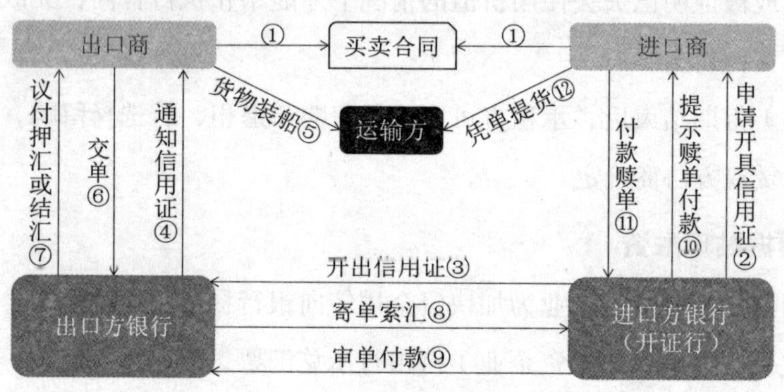

图14-1 信用证产生的流程

注：出口方银行可分为两家银行：通知行和寄单议付行。

信用证融资方式发生在图 14-1 所示的第②个环节。进口商前往所在地银行开证（需提交环节①的合同和相关申请书），进口方银行一般要求企业缴纳信用证担保合同金额的 20% ~ 30% 当作保证金，直到进口方银行收到信用证对应的货物单据之后，才通知进口商付款赎单。

信用证起到的融资作用体现在企业只需缴纳信用证担保合同金额的 20% ~ 30% 作为保证金时，不必缴纳环节③ ~ ⑨过程内产生的相当于合同金额 70% ~ 80% 的资金，扩大了企业的资金周转空间。

保理融资

保理融资是指融资方将其拥有的应收账款转让给银行，以此获得融资。保理融资分为有追索与无追索两种方式：①有追索是指当付款方到期未付账款时，银行有权向保理融资方追索未付款项；②无追索是指当付款方到期未付账款时，银行只能向应收账款付款方行使追索权。

融资方进行保理融资需要注意4个关键点：

（1）合同期限是多久？理想情况的合同期限是1个月，在此期间融资方要尽可能寻找其他成本更低的融资方式。

（2）需要担保人吗？如果承购方有担保人，可以规避一些追偿资金时的风险；如果承购方没有担保人，可签订“无追索权”条款。

（3）应收账款无法收回怎么办？承购方若取得融资方应收账款的所有权，在遇到应收账款无法收回的情况时，融资方就需要偿还承购方的预付款。

（4）融资方尽量不要出售100%的应收账款，因为现金流与收款方式是变动的，如果融资方在融资进行到一半时所需资金已经满足其需求，就可以选择中断融资方式，以减少需支付的利息成本。

基金融资

基金融资是指从社会上的基金组织中获得资金支持。基金在广义上是为了达成某种目的而设立的资金，根据不同分类方式分成不同类型（见表14–3）。

表14–3　基金分类

分类方式	基金类型
依据基金单位的增加或赎回	开放式基金：通过银行、券商等机构申购或赎回，规模不固定
	封闭式基金：具有固定的存续期，通常在证券交易场所上市交易
依据形态的不同	公司型基金：公司成立并发行基金股份
	契约型基金：基金管理人、基金托管人与投资人三方通过基金契约设立

证券投资基金以契约型基金为主，不需要设立合伙实体，由基金管理

公司发起设立契约型基金并成为基金管理人，与其他投资人签订契约型投资合同。因此，基金管理公司作为投资主体，成为融资企业的股东。原投资人可通过平台方以买入价把受益权转让出去，解除投资协议关系，拿回资金。新投资人可通过平台以卖出价从原投资人手里买入受益份额进行投资，与基金管理公司建立投资协议关系。

资产证券化融资

资产证券化融资是将资产重组转化为证券的一种融资方式，以资产组合或现金流为基础。资产证券化融资的最大优势是通过使用风险隔离与信用增级，帮助融资企业摆脱信用条件的限制，帮助低级别信用的融资企业以高信用级别的融资成本获得融资。

资产证券化融资属于表外融资，即不在企业的财务报表上展现交易的资产与发行的证券。不仅让企业的资产负债表更加紧凑，还可以在数字上提升企业表现，给企业带来良好声誉。

此外，资产证券化融资还具有“三高”的特性：

（1）灵活性高——可以设计出多种满足投资人需求的产品。

（2）流动性高——在资产转化的过程中，将流动性差的资产转变为流动性强的证券与现金。

（3）自由度高——融资方的信息披露有限，投资人无权对融资方的经济行为进行监督与干涉。

项目融资

项目融资以项目的资产、预期收益等作为抵押，获得无追索权或有限追索权的融资类型，常用于现金流量稳定的道路、铁路、桥梁等大型基建项目。

项目融资的最常见方式为 BOT 特许经营，主要针对大型的盈利性基础设施项目，如高速公路、污水处理厂等。由所在国政府和私人投资者签订特许协议，私人投资者负责实施项目建设，项目完工后，私人投资者可以在运营一定时期后再移交所在国政府（见图 14–2）。

B—— 建设阶段	• 私人投资者依据所在国政府的法律，依据一定的出资比例与所在国共同组建合营公司。
O—— 运营阶段	• 在运营方式中可选择独立经营、参与经营及其他经营方式。
T—— 移交阶段	• 特许经营权期满后，项目公司需将运行良好的项目移交给项目所在国政府。

图14-2　BOT特许经营

第十五章　融资过程中的企业并购

↘ 并购重组类别

并购重组是指企业在经营过程中，企业的控制权、资产规模与结构等发生重大变化的行为。在这个过程中，一方权利主体让出自身拥有的全部或部分控制权，以获得相应的受益，另一方权利主体依靠付出相应代价获取全部或部分由对方让出的控制权。

并购重组依据不同的行为方式会得到不同的行为结果：

（1）并购行为：如收购与兼并，是对企业的股本与股权结构进行调整，导致企业的实际控制权与主体资格的变化。

（2）重组行为：是对企业资产与负债进行调整，导致企业资产状况、上市状况与法律地位的变化。

（3）并购与重组混合行为：如商业联盟、资产剥离、破产、清算等，是对企业的股权与资产同时进行调整，产生这两种行为导致的所有变化。

协议并购

协议并购是指并购方在证券交易场所外直接与目标企业取得联系，以谈判、协商达成共同协议，实现并购目标企业股权的目的的行为。

协议并购的一般程序为：明确并购目的→选择目标企业→策划并购战术→成立并购小组→并购交涉开始→缔结并购意向书→被并购企业的资产、负债情况调查→最终并购方案→合同缔结。

要约并购

要约并购是指并购方向目标企业发出收购公告，待目标企业确认后，方可采取收购行为的并购方式。要约并购的主要内容包括价格条款、支付方式、并购期限。

（1）价格条款：分为自由定价主义和价格法定主义两种。

（2）支付方式：《上市公司收购管理办法》第二十七条："收购人为终止上市公司的上市地位而发出全面要约的，或者向中国证监会提出申请但未取得豁免而发出全面要约的，应当以现金支付收购价款；以依法可以转让的证券（以下简称证券）支付收购价款的，应当同时提供现金方式供被收购公司股东选择。"

（3）并购期限：《上市公司收购管理办法》第三十七条："收购要约约定的收购期限不得少于 30 日，并不得超过 60 日；但是出现竞争要约的除外。在收购要约约定的承诺期限内，收购人不得撤销其收购要约。"

竞价并购

竞价并购以现金为支付方式，在现金出价的过程中，目标企业的大部分股票可能会被风险套牢，因此会使并购方承担极大的资金风险。降低并购成本有两种办法：①双层出价；②发行高收益债券。

其中，双层出价分为两个阶段：

阶段 1——并购方以现金收购股票，使其达到控制权比例。

阶段 2——并购方利用非现金收购剩余部分股票，因此取得目标企业控制权，无须担心敌意收购者的竞争性出价。

托管重组

托管重组是指企业资产所有者以契约形式，在一定期限与条件约束内，将自身拥有的所有或部分资产的经营权、处置权，委托给其他法人进行管理的行为。

托管重组的实质是资产所有权与经营权的分离，可以分为 3 种模式：

（1）企业产权的托管重组。委托方依据相关法律和政策，用合同的形式约束受托方，并付出一定代价作为补偿，将企业的财产权交给受托方处置。

（2）国有资产的托管重组。国有资产管理部门将自身的国有资产以合同的形式委托给受托方，受托方只能托管企业的经营权，不能托管企业的财产权。

（3）国有企业的托管重组。由特定的部门或机构（受托方）接管部分亏损的国有中小企业，受托内容包括国有企业的全部财产、全部职员与全部债务，受托方通过对原有的企业资产结构进行改造，实现资源的再配置。

债务重组

债务重组是指债权人依据其与债务人达成的协议或法院的判决，同意债务人对债务条件进行修改的行为。也可以理解为，只要债务重组时，债务偿还条件与原协议存在不同之处，均可视为债务重组。

债务重组可以分为即期清偿债务和延期清偿债务，前者包括以低于债务账面价值的现金清偿债务、以非现金资产清偿债务、债务转为资本；后者指修改其他债务条件。

债务重组的本质是一项法律活动，旨在通过某种方式改变债务人与债权人之间原有的合同关系。但在实际操作中，还应注意一些不属于债务重组的情形（见表 15–1）。

表 15-1 不属于债务重组的情形

情形	原因
债务人发行的可转换债券依据规定条件转换为其股权	条件未发生更改
债务人破产清算时的债务重组	应按清算会计处理
债务人改组	权利与义务未发生实质性改变
债务人借新债偿旧债	旧债偿还的条件并未发生改变

股权重组

股权重组无须清算程序，其债券、债务关系重组后依然有效。在股权重组的过程中，只有企业的股东或股东持有的股份发生变更。

股权重组分为股权转让与增资扩股两种形式：前者是指企业股东将自身拥有的股权或股份，全部或部分转让给他人；后者是指企业法定股票、新股东投资入股、原股东增加投资，从而增加企业的资本金。

↘ 项目评估定价

DCF 模型法

DCF（Discounted Cash Flow）模型法又称为“贴现现金流量法”，预估并购后增加的现金流量与折现率，之后计算出增加的现金流量现值，这也是并购方能承受的最高价格。因此，该方法更多运用于为并购方确定最高定价时，如果最终成交价高于所得价格，则并购将无法给并购方带来好处。

DCF 模型所用的现金流量是指扣除税收、必要支出和增加的营运资本后，可以支付给所有清偿者的现金流量。

DCF 模型法的运用可以分为三步：

1. 建立自由现金流量预测模型

销售增长率、经济利润边际、新增固定资产投资、新增营运资本、边际税率，这 5 种因素将影响目标企业的价值，因此公式为：

$$FCF=S_{t-1}(1+Gt)\times Pt(1-T)-(St-S_{t-1})\times(Ft+Wt)$$

其中：

FCF——自由现金流量。

St——年销售额。

Gt——销售额年增长率。

Pt——销售利润率。

T——所得税率。

Ft——销售额每增加 1 元，所需追加的固定资本投资。

Wt——销售额每增加 1 元，所需追加的营运资本投资。

t——预测期内某一年度。

2. 估计折现率或加权平均资本

成本折现率是并购方要求的最低收益率，即资本成本。因为并购方的资本来源普遍复杂，需要对各种长期资本成本的因素进行估计，因此公式为：

$$K=Ks(S/V)+Kb(1+T)(B/V)$$

其中：

Ks——股东对此次投资要求的收益率。

Kb——利率。

S——自有资金数量。

V——市场总价值。

T——企业的边际税率。

B——对外举债。

3. 利用贴现现金流量模式，计算现金流量的现值（见图 15–1）

$$V=\sum\frac{FCF}{(1+K)^{t}}=\frac{F}{(1+K)^{t}}$$

图15-1　计算现金流量现值的公式

其中：

FCF——自由现金流量。

V——企业价值。

F——预期转让价格。

K——折现率或加权平均资本成本。

EVA 评估法

EVA 评估法不仅可以考察企业的资本盈利能力，还可以通过计算企业资本应用的机会成本，考察企业从优选择项目的能力。EVA 是指企业资本收益减去资本机会成本的数值，公式为：

EVA= 税后营业净利润 – 资本总成本 = 投资资本 ×（投资资本回报率 – 加权平均资本成本率）

重置成本法

将目标企业视为各种生产要素的综合体，在对各项资产清查核实时，逐一对各项可确指资产进行评估，之后再加上企业的商誉或减去经济性损耗，就可以获得企业价值的评估值。公式为：

企业整体资产价值 = ∑单项可确指资产评估值 + 商誉（或 – 经济性损耗）

参考企业比较法

该方法与并购案例比较法原理相近，都是通过将目标企业与类似企业的财务与经营数据进行对比分析，再乘以经济指标或比率，从而得出评估对象的价值。但现实中很难找到一个与目标企业具有相同风险与相同结构的参考对象，因此该方法常按照多重维度对企业价值进行拆分，并依据不同部分与整体价值的比重强弱确定权重，公式为：

被评估企业价值 =（a× 被评估企业维度 1/ 标杆企业维度 1 + b× 被评估企业维度 2/ 标杆企业维度 2 + ……）× 标杆企业价值

市盈率法

又称为“市盈率乘数法”，专门针对上市企业的价值评估。运用市盈率法评估企业价值，需要有较为完善的证券交易市场作为前提，还要有数量众多、行业全面的上市公司。公式为：

目标企业股票价格 = 同类型公司平均市盈率 × 目标企业股票每股收益

↘ 并购流程

并购流程通常分为 4 个阶段，它们分别是决策与目标阶段、尽职调查阶段、谈判签约阶段、实施与接管阶段。

决策与目标阶段

并购方企业通过与财务顾问合作，依据自身的经营状况、资产状况及发展战略，分析并购需求，找出并购定位，确定并购方向，制定并购战略。

对并购目标的选择有两种模式：

（1）定性选择：结合目标企业的资产状况、规模大小、市场占有率和品牌影响力，与本企业在规模、市场、品牌等方面进行比较，并通过各种渠道收集目标企业的信息，进行全面分析，确定目标。

（2）定量选择：通过对目标企业各类数据的收集整理，以静态分析ROI分析等方法，确定目标。

尽职调查阶段

尽职调查的目的在于使并购方尽可能地发现目标企业的股份或资产的全部情况，发现风险并判断风险的性质、程度以及对并购活动的影响和后果。

尽职调查的内容包括4个方面：①目标企业的基本情况，如主体资格、治理结构、核心技术、员工情况等；②目标企业的经营成果，包括企业资产、产权和贷款、担保情况、税收情况；③目标企业的发展前景，对其所处市场进行分析，并结合其商业模式做出一定的预测；④目标企业的潜在亏损，调查目标企业在环境保护、人力资源、债权债务以及诉讼等方面是否存在着潜在风险或者或有损失。

谈判签约阶段

与目标企业进行并购谈判，谈判的焦点问题是并购的价格和条件，包括并购的总价格、支付方式、支付期限、交易保护、损害赔偿、并购后的人事安排、税负等。双方通过谈判，就主要方面取得一致意见后，一般会签订并购意向书和并购协议。

并购协议应规定所有并购条件和当事人的陈述担保。它通常是由并购方律师在双方谈判的基础上拿出一套协议草案，然后经过谈判、修改而确定。

实施与接管阶段

确定并购后，就进入了并购实施与接管阶段，通常分为5个流程：

（1）产权交接。并购双方的资产交接需要在银行等部门的监督下，依据协议办理移交手续，并进行验收、造册。被并购企业所遗留的债券、债务，依据协议进行清理和办理更换合同债据的手续。

（2）财务交接。双方财务会计报表需要依据并购后产生的不同结果进行相应的调整。比如被并购方的主体结构完全消失，则应当对被并购企业的财务账册进行保管，并购方企业的财务账册也要做出相应调整。

（3）管理权交接。取决于并购双方签订的协议。如果被并购企业的原管理团队未变，只要对外发布公告即可；如果被并购企业的原管理团队涉及人员去留和管理权重新分配，则交接工作就比较麻烦。

（4）变更登记。并购后，被并购企业若继续存续，则需进行工商变更登记；若是新企业设立，则需进行工商注册登记；被解散的企业，则要登记解散。

（5）发布公告。并购双方要将兼并与收购的情况向社会公布，让社会各方面知道并购事宜，便于他人做出与之相关的业务调整。

↘ 付款方式

通常来说，并购交易的付款方式有5种，分别是现金支付、股权支付、承债式支付、资产置换支付、综合证券支付。

现金支付

并购方通过支付现金来获得目标企业的资产或控制权。

因为要在短时间内筹集大量资金，所以会给并购企业带来资金压力；另外，因为无法推迟确认资本利得，也会承担较重的税务。

但现金支付也有显而易见的优势：

（1）只涉及目标企业的估价，简单明了。

（2）便于交易尽快完成。

（3）金额界定明确，不会影响并购后的被并购企业的资本结构。

（4）有利于被并购企业的股价稳定。

股权支付

并购方将自身股权支付给被并购企业的股东，依据一定比例换取目标企业的股权，从而完成收购。

股权支付无须大量现金，降低了并购方的现金压力。被并购企业的股东因为可以延迟收益的时间，也将获得延期纳税的好处。同时，由于被并购方获得并购方控股企业的股权，等于将双方利益捆绑在一起，被并购企业的股价风险将由双方共同承担。

但采用股权支付，被并购方不能立即获得流动性资金，并购方的股权也将被稀释。因此，多数并购交易并不会单独采取股权支付方式，而是与其他方式组合。

承债式支付

并购企业不向被并购企业支付任何现金及有价证券，而是以承担被并购企业所有债务作为支付方式，从而获得被并购企业的股份。

采用承债式支付的并购行为也被称为“承债式收购”，根据债务清偿路径不同，分为直接承债式收购和间接承债式收购。前者是指通过债务转移等方式，将债务清偿款支付给被收购企业债权人；后者是指收购方向被收购企业提供贷款、注入资金，最后以融资的方式清偿被收购公司债权人的债务。

资产置换支付

上市企业的控股股东以优质资产、现金等置换上市企业的呆滞资产，或以主营业务资产置换非主营业务资产等情况。

资产置换常发生在企业借壳上市的过程中，母公司在收购子公司完成后，将自己的优势项目或资产卖给子公司，之后把子公司的不良资产或项目卖给第三方或自己，这样即可借助子公司的“壳”实现间接上市的目的。

综合证券支付

并购方在收购过程中，采用现金、股票、认股权证、可转换债券或承债等多种支付形式共同支付。

在实际的并购交易中，并购企业多采用组合式支付方式。经过对上述5种支付方式的阐述，我们已经了解了每种支付方式的优劣势，而组合式支付就是要充分利用各种支付方式的优势，规避各种支付方式的劣势。组合式支付的优势可以概括为：可以避免现金支出过多而造成财务结构恶化，预防并购方由于股权稀释而造成控制权转移，同时也能给被收购方带来现金和延迟收益的长短期效益。

并购企业采取组合式支付时，具体各种支付方式的比例，要根据实际情况而定，或者现金占比大一点，或者股权占比大一点，或者各种方式相对平均。

↘ 并购执行

签署法律文件

并购执行必须以签署有效的法律文件开始，将并购双方的权利、义务和边界规划清楚。所需要签署的法律文件有并购意向书、股权转让协议和增资协议。

（1）并购意向书是并购双方经过洽商，依据各自意愿达成共识而签订的书面文件，是签订并购协议的前奏。

（2）股权转让协议是以股权转让为主要内容的合同，实质是处分被并购企业所有的股权。

（3）增资协议是指当并购企业的注册资本增加时，企业股东针对增资情况和新增资本的股权分配进行协商。

股权交割事宜

股权交割是股权移交的标志，即并购双方签订股权转让协议或股权交割证明。当股权（全部）交割完成后，转让人不再担任被并购企业股东，失去股东权益；受让人则成为被并购企业的新股东，享受股东权益。同时，伴随着股权交割，还有一些关键事情需要交接（见图 15-2）。

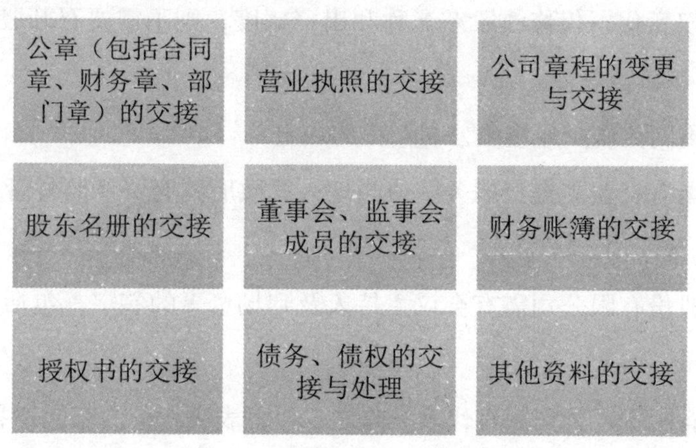

图15-2　需要交割的其他关键事情

股权交割需要谨守法律规定：

（1）国家拥有的股份交割必须经国家有关部门批准，且交割时不得损害国家拥有的股份权益。

（2）股东转让其股份，需在法律规定的证券交易场所进行或依据国务院规定的其他方式进行。

（3）企业发起人持有的本公司股份，在企业成立之日起一年内不得转让。企业公开发行股份前已发行的股份，自企业股票在证券交易所上市交易之日起一年内不得转让。

（4）股份有限公司的董事、监事、高级管理人员和持有公司5%以上有表决权股份的法人股东，将其所持有的公司股票在买入后6个月内卖出或者在卖出后6个月内买入，由此获得的利润归公司所有。

修改公司章程

公司章程中对股东名称、股权数额都有明确记载，股东交割股权后必会引起股东结构的变化，可以分为两种情况考虑：①股东结构变化引发控制权变化，则必须召开股东会/股东大会对公司章程进行修改，受让人作为新股东可以要求由其出任或者委任新的董事或监事；②股东结构变化未引发控制权变化，仅修改股东名称和出资额度，则不需要召开股东会/股东大会。

关于不同类型企业修改公司章程的规定：

（1）国有企业需提交国务院或当地人民政府国有资产监督管理机构的批准文件。

（2）股份有限公司需有会议主持人及到场董事的签字，包括股东大会的会议记录。

（3）有限责任公司需有代表三分之二以上表决权的股东同意签署。

（4）一人有限责任公司需提交股东签署的书面决定。

公司变更登记

即工商注册登记变更，是指将公司章程修改、股东股权变更、董事会变更、监事会变更等事宜向工商行政管理部门申请工商注册登记事项变更。其中，有限责任公司变更股东，应当自股东发生变动之日起30日内至工商部门办理变更登记。

上市篇

第十六章　上市前的机构安排及制度设计

↘ 机构安排

券商

券商就是证券公司，选择合适的券商对于企业顺利上市具有非常重要的作用。企业选择券商应考虑的因素有相关的项目经验、社会资源、从业经验、业务能力、保荐与承销收费标准、重要的业务风格等。

建议优先参考“一度、一值、一额”进行初步筛选，再针对券商的综合能力进行详细筛选，以节约时间，并提升准确度。

（1）一度——信誉度：看券商过去的工作质量、诚信情况，包括有无受到证监会处分。

（2）一值——经验值：看券商过去承担的行业项目数量和其从业人员的经验。

（3）一额——收费额：企业需结合自身条件，参照市场行业，选择价格合适的券商。

律师事务所

律师事务所的工作是协助企业制订上市方案，并解决上市过程中可能出现的一切法律问题，同时负责完成企业需要的一应法律文书，并在申报材料中出具法律意见书和律师工作报告。

因为律师事务所与企业的合作程度更深，极大可能会触及企业的商业秘密，因此律师的第一要素是具备职业操守和责任心，只在工作范围内发挥作用。

会计师事务所

会计师事务所的主要工作是财务审计，并兼有对企业盈利进行预测及内部控制出具专业意见的作用。

所选会计师事务所的项目团队中必须要有一定比例的、具有上市经验的注册会计师。选择会计师的主要标准是业务能力强、从业经验丰富、配合态度优异、业界口碑好、工作效率高。

↘ 企业改制

股权激励制度设计

股权激励不是本书所讲的主要内容，但在上市前的企业改制中是不能忽视的一环，在此做概括性介绍，详细内容请参考股权激励类书籍。

股权激励的形式有很多种，可以概括为权益结算类和现金结算类，两种模式各有优缺点（见图 16–1）。

权益结算类的优点：激励对象可获得真实股权，激励效果明显；企业无须支付现金，没有现金流压力。

权益结算类的缺点：企业股本结构发生变化；原股东的股权比例将被稀释。

图16-1　股权激励的种类

现金结算类的优点：不影响企业股本结构；原股东的股权比例不会被稀释。

现金结算类的缺点：激励对象不能获得真实股权，会影响激励效果；企业需以现金形式支付，现金流压力大。

收购与反收购制度设计

《中华人民共和国证券法》(以下简称《证券法》)规定，收购是指收购一家上市企业发行的股份达到30%时发出要约收购的行为。收购的实质是购买被收购企业的股份，但因为操作具有反常规的可能，因此分为善意收购与恶意收购。

善意收购是指收购方事先与目标企业管理层协商，取得其同意后，目标企业主动提供收购方需要的资料，且目标企业管理层对其他股东进行劝说，以促成收购的最终实现。

恶意收购是指收购方在收购目标企业股票时，虽然该收购行为受到目标企业管理层和股东的反对，但收购方仍强行收购，或者收购方事先未与目标企业协商，突然提出收购要约，然后强行收购。

恶意收购通常有三种模式，一是公开的高价诱惑模式，二是半公开半隐蔽的“狙击手”模式，三是隐蔽的窃权模式。

（1）公开的高价诱惑。收购方致函目标企业董事会，许诺将以一个较高的价格收购该企业股票，并要求董事以股东利益为重接受该报价。目标企业董事会出于责任要将该函公开，让全体股东都知道这一消息，分散的小股东往往禁不住高价诱惑，而迫使董事会接受该报价。

（2）半公开半隐蔽的“狙击手”。收购方提前在市场上购买目标企业的股票，当持有目标企业股票达到5%以上时，收购方才进行要约收购，期间收购方会视目标企业股东的反应而进行下一步行动，如继续增持或高价出售等。

（3）隐蔽的窃权。收购方集中地、不断地以高价收购目标企业中小股东的投票委托书，当收购方能够获得股东会的大部分投票权时，就可设法改组目标企业董事会，最终达到合并的目的。

反收购制度就是针对恶意收购而诞生的，反收购的主体是被恶意收购的企业，核心在于防止失去对企业的控制权。依据恶意收购的三种模式，反收购制度设计可分为预防性反收购制度与反击性反收购制度。

1. 预防性反收购制度

以防范企业日后可能被恶意收购的风险为目的，具体包括“负债毒丸”“人员毒丸”“驱鲨剂”“金降落伞”“锡降落伞”“星星之火”等。

（1）“负债毒丸”——企业大量增加自身负债，降低企业价值，使得收购方放弃收购计划。

（2）“人员毒丸”——企业的大部分高管签署共进退协议，当企业被不公平价格收购时，当高管中有人在被收购后出现降职或革职的情况时，所有签署该协议的高管集体辞职。

（3）“驱鲨剂”——也称为“豪猪条款”，在企业被收购前修改公司章程或以使收购要约变为更难实行的条款。

（4）“金降落伞”——企业与大部分高管签订给予优厚待遇和额外利益的合同，当企业控制权发生突变时，需给予拥有合同的高管全额补偿金，以此增加收购负担。

（5）“锡降落伞”——企业规定若是收购完成第二年，企业员工被解职，可以获得一定数目的补偿性遣散费，同样是增加收购企业的成本。

（6）“星星之火”——就是员工持股计划，企业鼓励员工购买本企业股票，并建立员工持股信托计划，因为员工持股委员会更愿意将股票出售给本企业股东或具有善意的第三方股东，员工持股委员会在股东大会上能做出更有利于企业的投票决定，使得收购难以完成。

2. 反击性反收购制度

面对恶意收购，只有防御是不够的，还要具备反击能力，以强力保护企业原有的控制权格局，具体包括“白衣骑士”“帕式防御”“锁定安排”“焦土政策”。

（1）“白衣骑士”——在面对恶意收购时，企业需要找到一名强力支持者，作为收购人与恶意收购者相竞争。

（2）“帕式防御”——全称是“帕克曼式防御”，来源于美国的一款电子游戏，是以攻为守的反收购策略。当企业受到恶意收购时，可对恶意收购方提出反向收购要约，从而牵制收购方；或者以出让企业部分股权为条件，说服第三方企业出面收购恶意收购企业的股份，实现反收购效果。

（3）“锁定安排”——在察觉到要被恶意收购之前，企业抢先与没有恶意的其他意向收购者进行相应的安排，使这家没有恶意的收购企业相较于恶意收购企业具有一定的优势。

（4）“焦土政策”——遭受恶意收购的企业，通过将大量企业资产抛售或破坏企业特性，达到挫败收购方的收购意图。很显然这是一种杀敌一千、自损八百的无奈之举。

第十七章　境内上市

↘ 上市条件和板块选择

条件

企业在境内上市的条件在《证券法》中有明确规定，大致可以概括为以下 5 项，想要上市就必须全部满足这些条件，缺一不可。

（1）股票经国务院证券监督管理机构核准已向社会公开发行。

（2）公司股本总额不少于人民币 3000 万元。

（3）公司开业时间在 3 年以上，最近 3 年连续盈利；原国有企业依法改建而设立的，或者《公司法》实施后新组建成立，其主要发起人为国有大中型企业的，可连续计算。

（4）持有股票面值达人民币 1000 元以上的股东人数不少于 1000 人，向社会公开发行的股份达公司股份总数的 25% 以上；公司股本超过人民币 4 亿元的，其向社会公开发行的比例为 10% 以上。

（5）公司最近 3 年内无重大违法行为，财务会计报告无虚假记载。

（6）国务院规定的其他条件。

板块选择

对于拟在A股上市的企业，有三个板块可供选择：上海证券交易所主板、深圳证券交易所中小板、深圳证券交易所创业板。具体选择哪个板块，要根据企业的实际情况和板块差异确定。

（1）企业的主营业务。如果企业的主营方向是电子信息、生物医药、新能源、环保节能、现代服务等领域，选择服务目标为成长性、创业期、科技含量高企业的创业板市场更为合适。

（2）企业的财务指标。主板和中小板比较注重企业规模，创业板更强调企业的成长性和持续盈利能力。

（3）审批环节。主板和中小板是同一个发行审核委员会，创业板是单独的发行审核委员会，因此创业板的审核速度较快。但创业板的审核内容非常详细，针对一个重要问题反复核查、多次反馈是常见的。

↘ 上市改造

企业上市，股权就将出现变化。企业必须根据法律法规的规定进行改造，才能顺利通过审核，改造流程分为两种形式：新设立与变更设立。

新设立股份有限公司的主要程序

分为10个关键环节：

（1）主发起人拟定设立股份有限公司的方案，包括设立方式、发起人数量、注册资本、股份规模、业务范围等。

（2）对拟出资资产进行审核、评估。

（3）签订发起人协议书，明确各自在公司设立过程中的权利和义务。

（4）发起人制定公司章程。

（5）全体发起人制定代表或共同委托代理人向工商登记机关申请名称，预先核准。

（6）涉及国有股权的企业需取得国资部门国有股权设置的批复意见；涉及外商投资的企业需取得商务部门的批复意见；企业经营范围中属于法律、行政法规或国务院规定的在登记前须经批准的项目，要履行相关报批手续。

（7）发起人按公司章程规定缴纳出资，以非货币性财产出资的，需依法办理财产权的转移手续。

（8）通过会计师事务所验资，并出具验资报告。

（9）召开创立大会，选举董事会成员与监事会成员。

（10）办理工商注册登记手续。

变更设立股份有限公司的主要程序

分为10个关键环节：

（1）有限责任公司股东会做出同意变更公司组织形式的决议。

（2）对拟出资资产进行审核、评估。

（3）有限责任公司股东签订股东协议书，约定有关变更设立股份有限公司的事项及股东的权利和义务。

（4）发起人制定公司章程。

（5）全体发起人指定代表或共同委托代理人向工商登记机关申请名称，预先核准。

（6）涉及国有股权的企业需取得国资部门国有股权设置的批复意见；涉及外商投资的企业需取得商务部门的批复意见；企业经营范围中属于法律、行政法规或国务院规定的在登记前须经批准的项目，要履行相关报批手续。

（7）发起人按公司章程规定缴纳出资，以非货币性财产出资的，需依法办理财产权的转移手续。

（8）通过会计师事务所验资，并出具验资报告。

（9）召开创立大会，选举董事会成员与监事会成员。

（10）办理工商注册登记手续。

↘上市的财务区别

盈利区别

1. 主板

（1）最近3个会计年度净利润均为正数，且累积超过人民币3000万元，净利润以扣除非经常性损益前后较低者为计算依据。

（2）最近3个会计年度经营活动产生的现金流量净额累计超过人民币5000万元，或者最近3个会计年度营业收入累计超过人民币3亿元。

（3）最近一期不存在未弥补损失。

2. 创业板

最近两年连续盈利，同时最近两年净利润累积不少于人民币1000万元，且持续增长；或者最近一年盈利，且净利润不少于人民币500万元，最近一年营业收入不少于人民币5000万元，最近两年营业收入增长率均不低于30%。净利润以扣除非经常性损益前后较低者为计算依据。

资产区别

1. 主板

（1）最近一期末的无形资产（扣除土地使用权、水面养殖权和采矿权等后）占净资产的比例不高于20%。

（2）发行前股本总额不少于人民币 3000 万元。

2. 创业板

（1）最近一期末的净资产不少于人民币 2000 万元。

（2）企业发行后的股本总额不少于人民币 3000 万元。

↘注册交易机制

审批制→核准制→注册制

我国股票公开发行后就可以获得上市资格。随着市场发展阶段的不同，所对应的股票发行制度也不一样，审批制是完全计划发行的模式，注册制是成熟股票市场采用的模式，核准制是从审批制向注册制过渡的中间阶段（见表 17–1）。

表 17–1 审批制、核准制、注册制的区别

对比项	审批制	核准制	注册制
指标和额度	有	无	无
上市标准	有	有	有
保荐人	政府或行业主管部门	中介机构	中介机构
对发行做出实质判断的主体	中国证监会	中介机构和中国证监会	中介机构
发行监管制度	中国证监会实质审核	中介机构和中国证监会分担实质审核职责	中国证监会形式审核；中介机构实质审核
市场化程度	行政体制	半市场化	完全市场化
发行效率	低	中	高

虽然审批制的发行效率很低，但在股票市场形成之初是非常有必要的，为市场的逐步规范化打下坚实的基础。核准制的存在期同样有必要，

它是股票市场从行政决策向市场决策的过渡期。2001 年，我国股票市场的股票发行制度由审批制变更为核准制，直至现在。

随着我国股票市场的完善成熟以及股票发行制度改革的进一步深化，注册制必将取代核准制。待注册制正式落实后，我国股票市场将会迎来全新的面貌。

A 股和 B 股

A 股的正式名称是“人民币普通股”，是我国境内企业发行的供境内机构、个人以及境内居住的港澳台居民以人民币认购和交易的普通股股票。

上海证券交易所和深圳证券交易所发行用人民币进行买卖的股票，市场统称为 A 股。

B 股的正式名称是“人民币特种股票”，也称为“境内上市外资股”，由中国境内企业发行，以人民币表明面值，以外币认购和交易，主要供中国港澳台地区及外国的自然人 / 法人 / 其他组织或是定居在国外的中国公民投资交易的外资股。

上海证券交易所是以美元交易 B 股，深圳证券交易所是以港币交易 B 股。

A 股诞生于 20 世纪 80 年代，B 股则要晚将近 10 年，对比上市企业数量和总市值，A 股都远超过 B 股（见表 17–2）。

表 17–2　A股和B股的区别

名称	定义	交易币种	记账方式	交割制度	涨跌幅限制	参与投资者
A股	在内地注册并上市的普通股票	以人民币认购和交易	无纸化电子记账	T+1	± 10%	境内机构、个人、在境内居住的港澳台居民
B股	在内地注册并上市的特种股票	以人民币表明面值；以外币认购和交易	无纸化电子记账	T+3	± 10%	港澳台地区及外国的自然人/法人/其他组织、定居在国外的中国公民

申请国内A股上市的门槛高且周期长，但境内企业仍将在A股上市作为长期目标，原因有：①市盈率高；②融资能力强；③发行成本较低；④本土市场国内知名度高。

在A股强势表现的对比下，B股的表现却愈发衰弱，融资困难、交易冷清、估值低等问题相继暴露。B转A已成为近几年的趋势，已经有不少企业“换脸”成功，如2013年浙能控股吸收合并东南电力实现在A股上市，再如2015年新城控股B转A正式上市。

正因为B股的不景气，投资人绝对不会指望融资企业在B股上市，即便B股上市成功也很难实现退出。但对于已经在B股上市的企业，融资之门也不意味着彻底关死，可以通过B转A进入A股市场，为投资人提供更多的退出可能性。

上海证券交易所和深圳证券交易所

上海证券交易所（简称上交所）成立于1990年11月26日，深圳证券交易所（简称深交所）成立于1990年12月1日。两大证券交易所的组成方式为会员制，是非营利性事业单位，主要证券品种有股票、国债、企业债券、权证、基金，主要业务范围有5项：

（1）组织并管理上市证券。

（2）提供证券集中交易的场所。

（3）办理上市证券的清算与交割。

（4）提供上市证券市场信息。

（5）办理中国人民银行许可或委托的其他业务。

之前，拟上市企业会按照发行的股本数选择上交所或深交所，一般发行股本在5000万～8000万元的会选择去深交所上市，发行股本在8000万元以上的会选择去上交所上市。这就意味着拟在上交所上市企业被安排上会审核的数量有 1 家，拟在深交所上市企业被安排上会审核的数量就有 3 家。

2014 年 3 月 27 日，中国证监会表示："首发企业可以根据自身意愿，在沪深市场之间自主选择上市地，不与企业公开发行股数多少挂钩。"

同年 4 月 4 日，中国证监会再申："从统筹平衡两个交易所服务功能出发，中国证监会将按照均衡安排沪深交易所首发家数的原则，对具备条件的拟上市公司按照受理顺序进行审核。"

首发企业选择上市地不再与发行股份数挂钩，等于模糊了两个交易所的定位，将在微观上造成两家交易所之间市场化的竞争，对拟上市企业来说是有利无弊的。

↘ IPO被否原因

企业在提交 IPO（上市）申请后，有可能会被主管机构否决掉企业的该项申请，也就是 IPO 被否。IPO 被否通常来说主要是信息披露有瑕疵、财务指标异常和独立性存疑这三个方面。

信息披露有瑕疵

信息披露有瑕疵主要表现在 4 个方面：

（1）信息披露不清楚。

（2）信息披露不准确。

（3）信息披露不完整。

（4）信息披露存在重大遗漏或诱导性陈述。

拟上市的甲公司使用的商标与前身已经注册的商标非常相似，却没有在招股说明书和现场陈述时说明两者之间的关联关系，被中国证监会否决了上市申请。

拟上市的乙公司自创立之初就实施了动态股权架构，公司管理层及员工股东分为三档，每退一个档次，所持有的50%的股份将折让给公司作为共有股权。但该公司在上市申报材料中对历次股权转让的原因没有进行完整、准确的说明，因此企业存在的未披露股东代持股份的情况，被中国证监会否决了上市申请。

财务指标异常

财务会计数据是拟上市企业披露的基础性信息，必须保证真实性、准确性和完整性。但有一些企业却采用一些非法手段对企业不满足上市要求之处进行掩饰修改，如粉饰财务报表、故设关联交易迷宫等，使得企业财务指标无法达到上市要求而被否决。还有一些企业虽然没有涉及违法操作，但也因为一些错误行为导致企业财务指标存在异常，且没有做出合理解释，最终上市申请被否决。

例如，中国证监会对某家拟上市企业上市被否的原因表述为："你公司2009年、2010年净利润合计为48572万元，而同期经营活动净现金流合计仅为24万元，你公司净利润与经营活动净现金流存在明显差异；同时，你公司报告期的存货周转率逐年下降，毛利率逐年上升，你公司在申报材料中的分析不足以充分说明上述现象的合理性。"

《首次公开发行股票并上市管理办法》第二十三条规定："发行人会计基础工作规范，财务报表的编制符合企业会计准则和相关会计制度的规定，在所有重大方面公允地反映了发行人的财务状况、经营成果和现金流量，并由注册会计师出具了无保留意见的审计报告。"

独立性存疑

由于独立性是影响企业持续盈利能力的最核心因素，中国证监会将对此重点审查。如果审查后给出的反馈是"独立性存疑"，则说明该企业存在独立性方面的问题。

中国证监会明确指出："拟上市公司应该与控股股东、实际控制人及其控制的其他企业保持资产、人员、财务、机构和业务的独立。"

独立性问题一般分为对内独立性不足和对外独立性不足。前者表现为企业对独立股东的依赖，发生资金占有、企业治理结构不健康、产生关联交易、同业竞争等问题；后者表现为对其他企业的依赖，包括在商标、技术、客户、业务或市场方面对其他企业的严重依赖。

在已上市企业中，也有可能存在一定的独立性问题，但只要中国证监会认为没有大碍，就不会妨碍上市。

第十八章 境内上市流程

↘ 前期准备

组建上市工作小组

企业确定了上市目标后，第一件事是组建企业内部的上市工作团队，小组内部需要包括 3 种类型的成员：

（1）决策者——一般是拟上市公司的实际控制人，具有上市坚定信心的决策者。

（2）总协调人——企业内部的总协调人一般由董秘担任。

（3）财务负责人——财务负责人在上市过程中有着无法替代的作用。

因此，该小组一般由董事长任组长，董事长秘书、企业财务负责人、办公室主任、相关政府人员作为组员。

委托中介机构

参与上市的中介机构包括投资银行（财务顾问 / 上市保荐人 / 主承销商）、律师事务所、会计师事务所、资产评估机构。

从内部关系来讲，是拟上市企业与财务顾问、上市保荐人、律师、会计师、评估师之间的相互配合协调，以及各家中介机构之间的相互配合协调。

从外部关系来讲，涉及拟上市企业和上市保荐人与地方政府主管部门、中国证券监管部门的相互关系。

其中，投资银行处于枢纽地位，为拟上市企业在资本经营方面提供服务，具体说是证券发行与代理买卖、企业重组与并购以及基金管理、风险投资等业务。投资银行在企业上市过程中的职责包括：①对拟上市企业进行尽职调查、全面了解基本情况；②根据拟上市企业的具体情况，制订企业改制重组的总体方案；③协助拟上市企业聘任相关中介机构；④成立重组工作小组。

上市保荐人负责与政府部门取得联系，并与擅长此方面业务的律师事务所、会计师事务所、资产评估机构建立良好的关系，为将来上市时各种申报文件、政府批件的顺利通过打基础。上市保荐人在企业上市过程中的职责包括：①保证拟上市企业的上市文件所披露的信息准确、完整、无误；②保证拟上市企业遵守上市规则；③保证拟上市企业各董事理解其责任性质，并且具备所需的专业技能与经验；④保证拟上市企业具有合理机会于上市文件所述的预期时限内达到其业务目标。

鉴于中介机构在企业上市过程中扮演的重要角色，《公司法》《证券法》都规定中介机构必须具备相应的资格与条件。

（1）有资格——在我国从事股票发行上市业务的投资银行必须有保荐承销业务资格；律师事务所、会计师事务所、资产评估机构必须具有证券从业资格。

（2）有实力——中介机构的实力体现在执业能力、执业经验和执业质量三个方面，拟上市企业必须对中介机构的这三个方面着重了解和考察。

（3）有合作——上市是企业与各中介机构精诚合作的团体工作，因此各中介机构之间必须具备主动合作精神。

（4）有信誉——中介机构的声誉越好，反映其实操能力和过往业绩越好，且一般收费也相对合理。上市的成本非常高，也不保证一定能成功，因此雇用中介机构的花费必须控制在合理范围内，具体收费标准可以参考同时期的业内平均标准。

尽职调查

中介机构进场之后就可以展开尽职调查了。尽职调查是由财务顾问在正式开展上市工作之前，依据执业标准，以职业谨慎和职业态度，从法律、财务的角度对拟上市企业的一切与本次发行有关的事项，进行资料审查与现场调查。

尽职调查的内容主要包括：①成立、组织和人事等基本信息；②业务和产品状况；③经营现状及可持续发展状况；④财务与资产状况；⑤重要合同、知识产权、诉讼状况；⑥纳税、社保、环保、安全状况。

尽职调查完毕之后，财务顾问需出具一份尽职调查报告，其中必须包含的内容如下：

（1）基本状况：工商注册登记情况、公司章程、主要投资人、管理层情况等。

（2）本次发行股份的有关情况：关于本次集资额、集资用途、业务发展计划、股份结构的设想等。

（3）业务情况：原材料供应商、产品销售商、技术开发计划、市场开拓计划等。

（4）财务情况：财务制度、会计流程、财务结构、收入情况、现金流量等。

（5）法律文件和其他有关的法律事宜：法律文件的齐全规范性、拟上市企业有无涉诉情况等。

在尽职调查结束和财务顾问出具尽职调查报告后，拟上市企业的上市工作小组要和财务顾问、上市保荐人、律师、注册会计师、评估师共同对尽职调查的结果进行分析，找到企业当前存在的问题以及讨论解决方案，然后拟订上市方案。

拟订上市方案

上市方案是整个上市工作的主线，是上市工作的统筹规划，上市的所有工作都将围绕上市方案展开。

制订上市方案的任务主要由投资银行（财务顾问）会同企业上市工作小组、律师、注册会计师、评估师在尽职调查的基础上共同完成。

上市方案的主要内容包括：

（1）行业现状、前景及主要竞争性（参照尽职调查报告）。

（2）企业改制和重组的目标、股权结构的调整、资产重组的原则及内容、重组中应该注意的问题。

（3）新股发行时机的选择和发行价格的确定。

（4）企业上市所能筹集资金的估算，以及募集资金的投向。

（5）工作程序和时间表。

↘ 设立股份公司

只有股份有限公司才能发行上市，所以如果拟上市企业是有限责任公司，在申请上市之前必须改制为股份有限公司。

净资产折股 / 验资

关于净资产折股 / 验资，《公司法》进行了明确规定：

第 27 条："股东可以用货币出资，也可以用实物、知识产权、土地使用权等可以用货币估价并可以依法转让的非货币财产作价出资；但是，法律、行政法规规定不得作为出资的财产除外。对作为出资的非货币财产应当评估作价，核实财产，不得高估或者低估作价。法律、行政法规对评估作价有规定的，从其规定。”

该条款是对企业资本形成过程中的股东出资形式的规定。在企业改制过程中，为了明确非货币出资的真实价值，股东必须通过中介机构对非货币出资验资。

第 95 条：“有限责任公司变更为股份有限公司时，折合的实收股本总额不得高于公司净资产额。有限责任公司变更为股份有限公司，为增加资本公开发行股份时，应当依法办理。”

该条款是对企业改制过程中股本总额与净资产之间关系的规定，该规定有效避免了企业虚增股本、虚报注册资本的情况。

有限责任公司的净资产主要包括实收资本、未分配利润、资本公积和盈余公积。企业股改后，以改制基准日的净资产折股至股份有限公司的股本和资本公积。

召开创立大会

在注资、验资完成后，发起人需要在 30 天内主持召开股份有限公司创立大会，该会的组成人员是参与股份有限公司设立并认购股份的人。

《公司法》第 90 条规定：“发起人应当在创立大会召开十五日前将会议日期通知各认股人或者予以公告。创立大会应有代表股份总数过半数的发起人、认股人出席，方可举行。创立大会行使下列职权：（一）审议发起人关于公司筹办情况的报告；（二）通过公司章程；（三）选举董事会成员；（四）选举监事会成员；（五）对公司的设立费用进行审核；（六）对发起人用于抵作股款的财产的作价进行审核；（七）发生不可抗力或者经营条件发生重大变化直接影响公司设立的，可以作出不设立公司的决议。创立大会对前款所列事项作出决议，必须经出席会议的认股人所持表决权过半数通过。”

创立大会结束后，股份有限公司的董事会、监事会成员便诞生了。发起人需要继续组织召开股份有限公司的第一届董事会会议、第一届监事会会议，并在会议上选举董事长、监事会主席、总经理等高级管理人员。

申请登记注册

《公司法》第92条：“董事会应于创立大会结束后三十日内，向公司登记机关报送下列文件，申请设立登记：（一）公司登记申请书；（二）创立大会的会议记录；（三）公司章程；（四）验资证明；（五）法定代表人、董事、监事的任职文件及其身份证明；（六）发起人的法人资格证明或者自然人身份证明；（七）公司住所证明。以募集方式设立股份有限公司公开发行股票的，还应当向公司登记机关报送国务院证券监督管理机构的核准文件。”

工商登记机关收到股份有限公司的设立登记申请文件后，对文件进行审核，并在30天内做出是否予以登记的决定。如果登记申请文件符合《公司法》相关规定，工商登记机关将予以登记，并给股份有限公司下发营业执照；如果登记申请文件不符合《公司法》相关规定，工商登记机关将不予登记。

股份有限公司的成立之日就是营业执照的签发日期，拿到营业执照意味着企业改制顺利完成。

➘上市辅导

拟上市企业在向中国证监会提出上市申请前，需由具有主承销资格的证券经营机构或其他经有关部门认定的机构，进行为期不少于 3 个月的上市辅导。

辅导程序

拟上市企业接受上市辅导程序可分为联系辅导机构、正式辅导和辅导后续这 3 个阶段，共有 9 项工作内容。

1. 联系辅导机构阶段

共有两项工作：

（1）聘请辅导机构。综合考察符合资格的辅导机构的独立性、资信状况、市场推广能力、具体承办人员的业务水平等因素。同时要满足《证券经营机构股票承销业务管理办法》第 15 条的规定："证券经营机构持有企业 7% 以上的股份，或是其前五名股东之一，不得成为该企业的主承销商或副主承销商。"

（2）签署辅导协议。与所聘请的辅导机构签订辅导协议，并到拟上市企业所在地的证监局办理辅导备案。

2. 正式辅导阶段

（1）报送备案报告。辅导工作正式开始后，辅导机构应定期向拟上市企业所在地证监局报送辅导工作备案被告。

（2）问题整改。辅导过程中，辅导机构会针对拟上市企业存在的问题提出整改意见，并协助督促进行整改。

（3）书面考试。辅导期内，辅导机构会对接受辅导的人员至少进行一次书面考试，以全体应试人员的成绩达到合格为止。

（4）公告准备上市事宜。拟上市企业需要在辅导期内就接受辅导与准备上市事宜在媒体公告，接受社会监督。

3. 辅导后续阶段

（1）提交评估申请。辅导期结束后，辅导机构如果认为拟上市企业已经达到上市标准，需要向股份有限公司所在地证监局报送辅导工作总结报告，提交辅导评估申请。

（2）出具监管报告。拟上市企业所在地证监局在收到辅导机构提交的辅导评估申请后，在20个工作日内完成对辅导工作评估。如果评定为合格，向中国证监会出具辅导监管报告，发表对辅导效果的评估意见，辅导正式结束。如果评定为不合格，会根据实际情况延长辅导时间。

注：辅导有效期为3年，即本次辅导期满后3年内，拟上市企业都可以提出股票发行上市申请；超过3年，则需重新开启辅导程序。

辅导内容

辅导机构将根据对拟上市企业的尽职调查和上市相关法律法规制定辅导内容，主要包括以下方面：

（1）组织拟上市企业的董事、监事、高级管理人员、持有5%以上（含）股份的股东，进行全面的上市规范运作和其他证券知识的学习、培训和考试。

（2）检查拟上市企业在设立、改制重组、股权设置和转让、增资扩股、资产评估、资本验证等方面是否合法、有效；产权关系是否明晰；商标、专利、土地、房屋等资产的法律权属处置是否妥善。

（3）督促拟上市企业实现独立运营，做到业务、财务、人员、机构、资产及供产销系统的独立完整。

（4）监督拟上市企业建立健全的组织机构、财务会计制度、决策制度和内部控制制度以及符合上市要求的信息披露制度。

（5）规范拟上市企业和控股股东及其他关联方的关系，妥善处理同业竞争和关联交易问题。

（6）帮助拟上市企业制定明确的业务发展目标和未来发展计划，确定有效可行的募股资金投资方向及其他投资项目的规划。

（7）帮助拟上市企业开展首次公开发行股票的相关工作，可分为3个阶段：①辅导前期，辅导机构应协助拟上市企业进行摸底调查，制订全面、具体的辅导方案；②辅导中期，辅导机构应协助拟上市企业进行集中学习与培训，发现问题，解决问题；③辅导后期，辅导机构应对拟上市企业进行考核评估，完成辅导计划，做好上市申请文件的准备工作。

规范运作

对拟上市企业进行辅导的目的是实现企业的规范性运作，只有全面达到规范化的企业才能实现上市。检查企业是否已达到规范化，可从5个部分来入手：

1. 检查拟上市企业改制过程中是否遗留法律问题

（1）检查发行人（即发行的主体）设立的程序、主体资格、条件、出资是否符合有关法律法规的规定，并得到有关部门的批准。

（2）发行人设立过程中所签订的改制重组合同是否符合有关法律法规的规定，发行人的设立行为是否存在潜在纠纷。

（3）股权设置和转让、增资扩股、资产评估、资本验证等方面是否合法，产权关系是否明晰。

（4）是否履行了设立过程中的验资、评估等必要程序。

（5）是否办理了资产权属变更登记手续。

（6）是否妥善处置了商标、专利、土地、房屋等资产的法律权属问题。

2. 日常运作问题

（1）担保行为：审慎对待和严格控制对外担保产生的债务风险。

（2）资金占用：拟上市企业与控股股东及其他关联方的资金往来。

（3）借贷行为：拟上市企业不得有偿或无偿拆借本企业的资金给控股股东及其他关联方使用，也不得通过银行或非银行金融机构向关联方提供委托贷款。

3. 同业竞争问题

（1）拟上市企业的控股股东是否明确了解同业竞争的界定和规范。

（2）不属于实质性同业竞争的特定情形，应请拟上市企业做出解释。

（3）拟上市企业应详细披露同业竞争及解决措施。

（4）关注拟上市企业将来可能产生的同业竞争。

4. 关联交易问题

拟上市企业的控股股东或实际控制人同时又控制与本企业有直接竞争关系的其他企业（即兄弟企业），就形成了关联交易（见图 18-1）。关联交易必将对企业上市造成负面影响，应尽量避免。

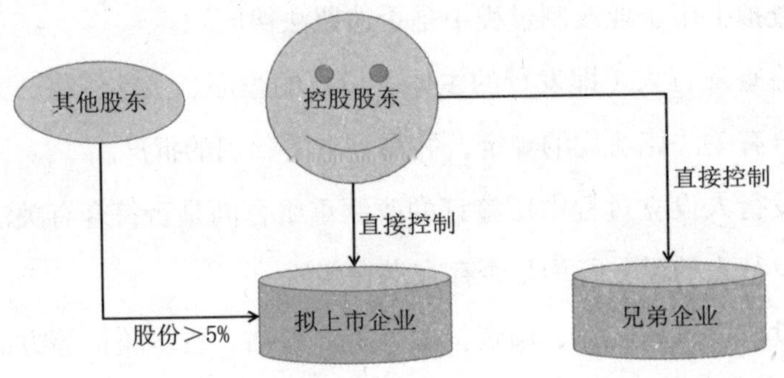

图18-1 关联交易

5. 会计政策稳健问题

发行人选择运用的会计政策和会计估计，是否恰当遵循谨慎一贯性的原则；发行人会计核算收入、成本、费用是否符合有关会计制度和会计准则的约定。具体内容如下：

（1）资产减值准备。

（2）固定资产折旧的提取方法与比例。

（3）非经常性损益的确认是否符合会计制度和会计准则的规定。

（4）收入确认是否符合会计准则规定。

（5）广告、研发、利息等费用的确认与摊销。

↘ 申报与核准

拟上市企业顺利通过上市前的辅导期后，就可以向中国证监会发出上市申请了。在这之后，中国证监会受理后的核查决定了企业能否成功上市。

制作申报材料

申报材料由拟上市企业和各中介机构分工完成，然后由主承销商汇总、核查通过后，出具推荐函，并将申报材料报送中国证监会审核。

根据《公开发行证券的公司信息披露内容与格式准则第 9 号——首次公开发行股票并上市申请文件》的相关规定，拟上市企业及中介机构需要制作的申报材料如下：

（1）核心文件：①首次公开发行股票申请文件；②招股说明书；③招股说明书摘要。

（2）发行人关于本次发行的申请与授权文件：①发行人关于本次发行的申请报告；②发行人董事会有关本次发行的决议；③发行人股东大会有关本次发行的决议。

（3）发行人的设立文件：①发行人的企业法人营业执照；②发行人公司章程（草案）；③发起人协议；④发起人或主要股东的营业执照或有关身份证明文件。

（4）发行人关于最近 3 年及 1 期的纳税情况说明文件：①发行人最近 3 年及 1 期所得税纳税申报表；②有关发行人税收优惠、财政补贴的证明文件；③主要税种纳税情况的说明及注册会计师出具的意见；④主管税收征管机构出具的最近3年及1期的发行人纳税情况的证明。

（5）保荐人关于本次发行的文件：保荐人关于本次发行的保荐书。

（6）会计师关于本次发行的文件：①财务报表及审计报告；②盈利预测报告及审核报告；③内部控制鉴证报告；④经注册会计师核验的非经常性损益明细表。

（7）律师关于本次发行的文件：①法律意见书；②律师工作报告。

（8）关于本次发行募集资金运用的文件：①募集资金投资项目的审批、核准或备案文件；②发行人拟收购资产（或股权）的财务报表、资产评估报告及审计报告；③发行人拟收购资产（或股权）的合同或合同草案。

（9）与财务会计资料相关的其他文件：①发行人设立时和最近3年及1期的资产评估报告（含土地评估报告）；②发行人的历次验资报告；③发行人控股股东或实际控制人最近1年及1期的原始财务报表及审计报告。

（10）成立不满3年的股份有限公司需报送的财务资料：①最近3年原企业或股份有限公司的原始财务报表；②原始财务报表与申报财务报表的差异比较表；③注册会计师对差异情况出具的意见。

（11）成立已满3年的股份有限公司需报送的财务资料：①最近3年原始财务报表；②原始财务报表与申报财务报表的差异比较表；③注册会计师对差异情况出具的意见。

（12）其他文件：①发行人拥有或使用的商标、专利等知识产权以及土地使用权、房屋所有权、采矿权等产权证书清单；②商标、专利、专有技术等知识产权的许可使用协议；③特许经营权证书；④重组协议；⑤有关消除或避免同业竞争的协议以及发行人的控股股东和实际控制人出具的相关承诺；⑥重大关联交易协议；⑦其他重要商务合同；⑧发行人全体董事对发行申请文件真实性、准确性、完整性的承诺书；⑨发行人生产经营和募集资金投资项目符合环境保护要求的证明文件；⑩国有资产管理部门出具的国有股权设置批复文件及商务部出具的外资股确认文件；⑪特定行业（或企业）的管理部门出具的相关意见。

申请报批

中国证监会将在收到拟上市企业的上市申请文件后的5个工作日内做出是否受理的决定。如果予以受理，拟上市企业须按照相关规定向中国证监会缴纳审核费。

受理拟上市企业的上市申请后，中国证监会将进行正式审核，步骤如下：

（1）初审。中国证监会发行部先审阅后反馈，对申请文件提出意见。发行人及中介机构落实意见，再由发行部审核反馈意见的落实情况，然后形成初审报告。

（2）再审。发行部初审完毕后，将初审报告和申请文件提交证监会发行审核委员会（即发审委）工作会议审核。7名委员进行充分讨论后，以记名投票方式对股票发行审核进行表决，同意票数达到5票为通过。

（3）核准发行。依据发行审核委员会的审核意见，中国证监会对发行人的发行申请做出“核准”或“不予核准”的决定。予以核准的，出具核准公开发行的文件；不予核准的，出具书面意见，并说明理由。

注：上市申请不予核准的拟上市企业可在接到中国证监会书面决定之日起2个月内提出复议申请，中国证监会在收到复议申请后2个月内重新做出决定。

《关于进一步规范发行审核权利运行的若干意见》中规定：在正常审核状态下，从受理到召开反馈会不会超过45天，从发行人落实完毕反馈意见到召开初审会不超过20天，从发出发审会告知函到召开发审会不超过10天。

因此，中国证监会应当自受理申请文件之日起3个月内做出最终决定。在审核过程中的任何步骤中收到举报信息的，必须处理完毕，方可进入下一步骤。

↘发行与上市

取得中国证监会核准上市的批文后，拟上市企业就可以正式进入股票发行上市阶段。这也是非常关键的阶段，任何一步做得不好都会影响股票发行上市后的价格，甚至可能会失去股票发行上市的资格。

刊登招股说明书

企业首次公开发行股票，上市交易前需要刊登招股说明书，包括5个重要部分（见图18-2）和10项必须说明。

招股说明书				
封面（含书籍）	目录（或有扉页）	正文（含释义）	附录（或有）	备查文件（或有）

图18-2 招股说明书的5个部分

（1）说明发行人的基本情况。

（2）说明本次发行概况。

（3）说明同业竞争和关联交易。

（4）说明募集资金的具体运用方向。

（5）说明企业上市后的股利分配政策。

（6）说明风险因素与对策，并给出有效的应对策略以增强投资者信心。

（7）说明企业经营的稳定性，通过过去至少 3 年的经营业绩来体现。

（8）说明企业的股权分配情况，重点介绍发起人和重要投资人的情况。

（9）说明企业未来的盈利能力，预测企业未来盈利与企业股票之间的关系。

（10）说明其他重要情况。

询价与路演

刊登招股说明书后，拟上市企业要进行询价路演活动，通过向机构投资者询价的方式确定股票的最终发行价格。询价包括两个步骤：

第 1 步：初步询价——拟上市企业向机构投资者推介和发出询价函，以反馈回来的有效报价上下限确定的区间作为初步询价区间。

第 2 步：如果投资人的有效申购量大于本次股票发行量，但超额认购倍数小于 5（含 5），则以询价下限为发行价；如果超额认购倍数大于 5，则从申购价格最高的有效申购开始逐笔向下累计计算，直至超额认购倍数首次超过 5 倍为止，以此时的价格为发行价。

股票发行

发行上市不是一个概念，而是分为发行与上市两部分，区别表现在概念不同和交易市场不同。

股票发行是指符合条件的发行人以筹资或实施股利分配为目的，按照法定的程序，向投资者或原股东发行股份或无偿提供股份的行为。

股票的发行包括设立发行和新股发行两种。前者指企业在设立过程中发行股份，是企业第一次发行股份，又可分为发起设立发行和募集设立发行。后者指企业在成立之后为进一步增加资本投资而发行股份，是继企业第一次发行股份以后的各次发行，又可分为公开发行和不公开发行。

股票发行的步骤如下：

（1）发行人刊登发行公告。

（2）投资者通过各证券营业部申购新股。

（3）证券交易所对有效申购进行配号，并传输给各证券营业部。

（4）各证券营业部向投资者公布配号结果。

（5）主承销商在公证机关监督下组织摇号抽签，并将结果对外公布。

（6）各证券营业部向中签投资者收取新股认购款。

（7）中国证券登记结算公司进行清算交割和股东登记。

（8）中国证券登记结算公司将募集资金划入主承销商指定账户。

（9）主承销商将募集资金划入发行人指定账户。

（10）发行人聘请会计师事务所进行验资。

股票上市

股票上市是指已经发行的股票，经证券交易所批准后，在交易所公开挂牌交易的法律行为。股票上市，是连接股票发行和股票交易的“桥梁”。

股票上市步骤如下：

（1）发行申请文件在发审委得到通过后，发行人即可提出股票代码与股票简称的申请，报证券交易所核定。

（2）股票发行完毕，发行人可向证券交易所上市委员会提交上市申请文件，待审查完毕并通过后，发布上市通知书。

（3）发行人在收到上市通知后，应与证券交易所签订上市协议书，以明确相互间的权利与义务。

（4）发行人在股票挂牌前 3 个工作日，将上市公告书予以披露。

（5）股票发行 7 个交易日内，申请上市的股票将根据证券交易所安排和上市公告书披露的上市日期挂牌交易。

股票市场分为一级市场（发行市场）和二级市场（交易市场），在证券公司交易的股票是在交易所成交的，属于二级市场。因此，发行新股和新股上市的区别在于有没有进入流通。

发行是在股票一级市场，交易主体是买方和上市企业之间；上市是在股票的二级市场，在交易所自由交易，交易主体是买方和卖方之间，不涉及上市企业。

第十九章　境外上市

上市条件和所需文件

为了更好地适应境内企业特别是中小企业、创业企业的融资需求，服务实体经济发展，中国证监会进一步放宽境内企业在境外发行股票和上市的条件，简化审核程序，提高监管效率。依照《公司法》设立的股份有限公司在符合境外上市地上市条件的基础上，可自主向中国证监会提出境外发行股票和上市申请。

上市条件

符合境外上市条件的境内股份有限公司，均可向中国证监会申请境外直接上市。境内企业赴境外直接上市，须有境外推荐人、境外主承销商、境外会计事务所、境外律师事务所等中介机构深入参与。为此境内企业在确定境外中介机构之前，应将拟选中介机构名单书面报中国证监会备案。只有符合以下必要条件的上市申请，中国证监会才予以批准。

（1）上市所筹资金用途符合国家产业政策和利用外资政策，以及国家有关固定资产投资立项的规定。

（2）申请企业必须具有规范的法人治理结构、完善的内部管理制度和稳定的高级管理层。

（3）上市后的分红派息要有可靠的外汇来源，并符合国家外汇管理的有关规定。

（4）申请企业要严格按照中国证监会规定的程序提交申请材料。

所需文件

境内企业赴境外上市，应向中国证监会提交下列文件：

（1）申请报告，包括企业演变及业务概况、股本结构、公司治理结构、财务状况与经营业绩、经营风险分析、发展战略、筹资用途、符合境外上市地上市条件的说明、发行上市方案等。

（2）股东大会及董事会相关决议。

（3）公司章程。

（4）公司营业执照、特殊许可行业的业务许可证明（如适用）。

（5）行业监管部门出具的监管意见书（如适用）。

（6）国有资产管理部门关于国有股权设置以及国有股减（转）持的相关批复文件（如适用）。

（7）募集资金投资项目的审批、核准或备案文件（如适用）。

（8）纳税证明文件。

（9）环保证明文件。

（10）法律意见书。

（11）财务报表及审计报告。

（12）招股说明书（草稿）。

（13）中国证监会规定的其他文件。

核查要求

境外上市的新规明确提出了不得境外上市的情形及安全审查、加强内控等方面的要求，这些要求成为境内企业赴境外上市前必须核查的事项，其主要内容如下：

（1）行业负面清单。是否涉及国家法律法规和有关规定明确禁止上市融资的行业，如幼儿园、学科类教育培训等。

（2）国家安全审查：①是否遵守外商投资法等国家安全法律法规和有关规定；②是否遵守网络安全、数据安全等国家安全法律法规和有关规定；③是否存在泄露国家秘密、损害国家安全和公共利益的行为。

（3）合规性审查：①是否存在股权、主要资产、核心技术等方面的重大权属纠纷；②最近3年内境内企业、控股股东或实际控制人是否存在贪污、贿赂、侵占财产、挪用财产或者破坏社会主义市场经济秩序的刑事犯罪或正在被立案调查；③董、监、高最近3年内是否收到行政处罚且情节严重的或正在被立案调查。

（4）内部控制核查：境内实体企业是否有不符合中国《公司法》《会计法》等法定章程规范的公司治理和财务、会计行为。

（5）其他要求：①企业、控股股东或实际控制人、董事、监事、高级管理人员履行信息披露义务，保证备案材料真实、准确、完整；②不得有虚假记载、误导性陈述或重大遗漏。

↘ 备案及上市流程

备案流程

境内企业赴境外上市之前、之中、之后，都须及时向中国证监会针对各项事宜进行备案。备案材料完备、符合规定要求的，中国证监会会在20个工作日内出具备案通知书。下面将备案事项（或要求）及流程整理如下

（见表 19–1）：

表 19–1　境内企业赴境外上市的备案事项与流程

备案事项	备案使用	备案日期	备案材料
境外直接上市	IPO、二次或双重上市	发行人应在境外提交首次公开发行上市申请文件后3个工作日内向中国证监会提交备案材料	①备案报告及有关承诺 ②行业主管部门等出具的监管意见、备案或核准等文件（如适用） ③有关部门出具的安全评估审查意见（如适用） ④境内法律意见书 ⑤招股说明书
境外间接上市	遵循实质重于形式的原则	同IPO	同IPO
境外上市后再融资	发行人境外上市后发行境外上市证券	应在发行完成后3个工作日内向中国证监会提交备案材料	①备案报告及有关承诺 ②境内法律意见书
	采用分次发行	应在首次发行完成后3个工作日内向中国证监会提交备案材料，说明拟发行的证券综述 剩余各次发行完成后，应在3个工作日内向中国证监会备案发行情况	
境外上市后发行境外上市证券购买资产	未构成借壳上市	应在发行完成后3个工作日内向中国证监会提交备案材料。涉及境内资产的，应在首次公告交易事项之日起3个工作日内履行备案流程。	①备案报告及有关承诺 ②境内法律意见书

续表

备案事项	备案使用	备案日期	备案材料
采用秘密或非公开方式境外上市	在履行备案程序时向中国证监会申请延后公示备案情况	应在境外公开发行上市申请文件后3个工作日内向中国证监会报告备案	发行人完成境外首次公开发行上市后，应按照中国证监会要求备案境外发行上市情况
重大事项变更	发行人备案后、完成境外发行上市前，发生重大事项	发行人应及时向中国证监会报告，并自相关事项发生之日起3个工作日内更新备案材料	更新备案材料的内容包括：①主营业务或业务牌照资质的重大变更 ②股权结构的重大变更或控制权变更 ③发行上市方案的重大调整
	发行人境外上市后发生重大事项	在发生之日起3个工作日内向中国证监会报告具体情况	具体情况包括：①控制权变更 ②境外证券监督管理机构或有关主管部门采取调查、处罚等措施 ③主动终止上市或强制终止上市 ④发行人境外上市后主要业务经营活动发生重大变化，不再属于备案范围（同时提交境内法律事务所出具的法律意见）

上市流程

境内企业赴境外上市，其步骤与在境内上市有些不同，虽然各境外市场的上市要求各有不同，但关键上市步骤相似。下面将关键步骤列举出来：

（1）境内企业申请境外发行股票和上市的，应向中国证监会报送“上市条件和所需文件”部分“所需文件”中列明的行政许可申请文件。

（2）中国证监会依照《中国证券监督管理委员会行政许可实施程序规

定》《关于股份有限公司境外发行股票和上市申报文件及审核程序的监管指引》的相关规定，对拟境外上市企业提交的行政许可申请文件进行受理、审查，做出行政许可决定。

（3）中国证监会在收到拟境外上市企业的申请文件后，可就涉及的产业政策、利用外资政策和固定资产投资管理规定等事宜征求有关部门意见。

（4）拟境外上市企业在收到中国证监会的受理通知后，可向境外证券监管机构或交易所提交发行上市初步申请；在收到中国证监会行政许可核准文件后，可向境外证券监管机构或交易所提交发行上市正式申请。

（5）拟境外上市企业应在完成境外发行股票和上市后 15 个工作日内，就境外发行上市的有关情况向中国证监会提交书面报告。

（6）境外上市企业在同一境外交易所转板上市的，应在完成转板上市后 15 个工作日内，就转板上市的有关情况向中国证监会提交书面报告。

注：中国证监会关于境内企业境外发行股票和上市的核准文件有效期为 12 个月。

第二十章　境外上市形式

↘ 直接境外上市

中国企业以境内股份有限公司的名义向境外证券主管部门申请登记注册、发行股票，并向当地证券交易所申请挂牌上市交易。最常见的境外上市市场是香港的H股、纽约的N股、新加坡的S股，以及纽约的NASDAQ（纳斯达克）、伦敦的L股。本节将详细介绍在前3种境外市场上市的条件。

H股：国内注册，香港上市

H股是指在内地注册，在中国香港上市的外资股。H股的名字来源是香港的英文名“Hong Kong”的首字母“H”。H股为实物股票，采用“T+0”交割制度，涨跌幅无限制。

根据香港联合证券交易所相关规定，内地企业在香港发行股票并上市（主板或创业板），应满足的条件如下：

1. H股主板上市条件

（1）财务要求。主板新申请人须具备不少于3个财政年度的营业记录，并须符合以下3项条件之一：①盈利测试——过去3个财政年度，股东应占盈利不得低于5000万港元（最近一年股东应占盈利至少2000万港元，以及前两年股东应占累计盈利至少3000万港元）；上市时市值至少2亿港元；②市值/收入测试——上市时市值至少达40亿港元；最近一个经审计财政年度收入至少5亿港元；③市值/收入测试/现金流量测试——上市时市值至少20亿港元；最近一个经审计财政年度收入至少5亿港元；前3个财政年度来自营运业务的现金流入合计至少1亿港元。

（2）会计准则。按照《香港财务汇报准则》或《国际财务汇报准则》编制，经营银行业务的企业必须同时遵守香港金融管理局公布的《本地注册认可机构披露财务资料》。

（3）是否适合上市。必须是联交所认为适合上市的发行人及业务，如发行人或其集团（投资企业除外）全部或大部分的资产为现金或短期证券，则其一般不会被视为适合上市，除非其所从事或主要从事的业务是证券经纪业务。

（4）新申请人自身要求。条件有：①新申请人须在大致相若的拥有权及管理层管理下具备至少3个财政年度的营业记录；②在至少最近1个经审计财政年度拥有权和控制权大致维持不变。豁免条件有：①在市值/收入测试下，如新申请人能证明董事及管理层在新申请人所属业务及行业中拥有足够条件（至少3年）及令人满意的经验，联交所可接纳新申请人在管理层大致相若的条件下具备为期较短的营业记录；②在最近1个经审计财政年度管理层大致维持不变。

（5）最低市值。新申请人上市时证券预期市值至少为2亿港元。

（6）公众持股的市值和持股量。①新申请人预期证券上市时由公众人士持有的股份的市值需至少为5000万港元；无论任何时候，公众人士持有的股份须占发行人已发行股本至少25%；②若发行人拥有一类或以上的证券，其上市时由公众人士持有的证券总数必须占发行人已发行股本总额的至少 25%；但正在申请上市的证券类别占发行人已发行股本总额的百分比不得少于 15%，上市时的预期市值也不得少于 5000 万港元；③如发行人预期上市时市值超过 100 亿港元，则联交所可酌情接纳一个 15% ~ 25% 的较低百分比。

（7）股东人数要求。①持有有关证券的公众股东须至少为 300 人；②持股量最高的 3 名公众股东实际持有的股数不得占证券上市时公众持股量逾 50%。

（8）主要股东的售股限制。上市后 6 个月内不得售股，其后 6 个月内仍要维持持股权。

（9）竞争业务。企业的控股股东（持股 35 或以上者）不能拥有可能与上市企业构成竞争的业务。

（10）信息披露。一年两度的财务报告。

（11）包销安排。公开发售以供认购必须全面包销。

2. H 股创业板上市条件

（1）财务要求。创业板申请人必须具备不少于两个财政年度的营业记录：①日常经营业务有现金流入，于上市文件刊发之前两个财政年度合计至少达 2000 万港元；②上市时市值至少达 1 亿港元。

（2）会计准则。按照《香港财务汇报准则》或《国际财务汇报准则》编制，经营银行业务的企业必须同时遵守香港金融管理局公布的《本地注册认可机构披露财务资料》。

（3）是否适合上市。必须是联交所认为适合上市的发行人及业务，如发行人或其集团（投资企业除外）全部或大部分的资产为现金或短期证券，则其一般不会被视为适合上市，除非其所从事或主要从事的业务是证券经纪业务。

（4）新申请人自身要求。新申请人必须具备不少于两个财政年度的营业记录：①管理层在最近两个财政年度维持不变；②最近一个完整财政年度内拥有权和控制权维持不变。豁免范围包括开采天然资源的企业或新成立的工程项目企业，联交所可接纳为期较短的营业记录（或修订或豁免），但拥有权和控制权要求维持不变。

（5）最低市值。新申请人上市时证券预期市值至少为1亿港元。

（6）公众持股的市值和持股量。①新申请人预期证券上市时由公众人士持有的股份市值至少为3000万港元；无论任何时候，公众人士持有的股份须占发行人已发行股本至少25%；②若发行人拥有一类或以上的证券，其上市时由公众人士持有的证券总数必须占发行人已发行股本总额的至少25%；但正在申请上市的证券类别占发行人已发行股本总额的百分比不得少于15%，上市时的预期市值也不得少于3000万港元；③如发行人预期上市时市值超过100亿港元，则联交所可酌情接纳一个15%～25%的较低百分比。

（7）股东人数要求。①持有有关证券的公众股东须至少为100人；②持股量最高的3名公众股东实际持有的股数不得占证券上市时公众持股量逾50%。

（8）主要股东的售股限制。①管理层股东必须接受为期12个月的售股限制期，此期间内各持股人的股份将由托管代理商代为托管；②高持股量股东则有半年的售股限制期。

（9）竞争业务。只要于上市时持续地做出全面披露，董事、控股股东、主要股东及管理层股东均可进行与申请人有竞争的业务（主要股东则不需要做持续全面披露）。

（10）信息披露。按季披露，中期报和年报中必须列示实际经营业绩与经营目标的比较。

（11）包销安排。无硬性包销规定，但如果发行人要筹集新资金，新股只可以在招股章程所列的最低认购额达到时方可上市。

N 股：国内注册，纽约上市

N 股是指那些在国内注册，在美国纽约证券交易所（简称纽交所）上市的外资股。N 股的名字来源是纽约的英文名 New York 的首字母 N。纽交所上市企业以成熟企业为主，在纽交所上市应满足的条件如下：

（1）财务要求。符合以下 3 项条件之一：①上市前两年，每年税前收益为 200 万美元，最近一年税前收益为 250 万美元；②上市前 3 年必须全部盈利，税前收益总计为 650 万美元，最近 1 年最低税前收益为 450 万美元；③上市前 1 个会计年度市值总额不低于 5 亿美元，且收入达到 2 亿美元（3 年调整后净收益合计 2500 万美元，且每年报告中必须是正数）。

（2）会计准则。美国公认会计原则。

（3）最低市值。①公众股市场价值为 4000 万美元；②有形资产净值为 4000 万美元。

（4）最低公众持股数量和业务记录。符合以下三项条件之一：①企业股东不低于 2000 名（每名股东拥有 100 股以上）；②企业有 2200 名股东，且上市前 6 个月月平均交易量为 10 万股；③企业有 500 名股东，且上市前 12 个月月平均交易量为 100 万股；④至少有 110 万股的股数在市面上为投资人所拥有（即公众股 110 万股）。

（5）信息披露规定。遵守纽交所的年报、季报和中期报告制度。

（6）其他要求。①对企业的管理和操作有多项要求；②详细说明企业所属行业的相对稳定性，企业在该行业中的地位，产品的市场情况等。

因为纳斯达克证券交易所也在纽约，且因其英文名 NASDAQ 的首字母也是“N”，因此也有人将纳斯达克同视为 N 股，在此分主板和创业板分别介绍。

1. 纳斯达克主板上市条件

（1）财务要求。符合以下两项条件之一：①最近一个财政年的收入不低于 100 万美元或者最近 3 个财政年中有两个财政年的收入不低于 100 万美元；②市场价值 7500 万美元或者有不低于 7500 万美元的资产或者达到 7500 万美元的营业收入。

（2）净资产。企业的有形资产不得低于 600 万美元。

（3）公众持股量和总价值。公众持股量不低于 110 万美元，总价值不低于 800 万美元。

（4）申请时最低股票价格。股票首次发行的最低价格不得低于每股 5 美元，在之后的交易价格需维持在每股 1 美元以上。

（5）股东人数和做市商数量。

至少有 400 名股东，不低于 3 个做市商。

2. 纳斯达克创业板上市条件

（1）财务要求。最近 1 个财政年的净收入不低于 75 万美元或者最近 3 个财政年中有两个财政年的净收入不低于 75 万美元。

（2）净资产。企业的有形资产不得低于 400 万美元或者市场价值超过 5000 万美元。

（3）公众持股量和总价值。公众持股量不低于 100 万美元，总价值不低于 500 万美元。

（4）申请时最低股票价格。首次发行价不得低于每股 4 美元，且需一直维持在每股 4 美元以上。

（5）股东人数和做市商数量。至少有 300 名股东和 3 个做市商。

S 股：国内注册，新加坡上市

S 股是指那些在国内注册，在新加坡证券交易所（简称新交所）上市的外资股。S 股的名字来源是新加坡的英文名“Singapore”的首字母“S”。

新加坡上市企业以制造业和高科技企业为主，其国外制造业的上市企业占比超过50%。在新交所上市（主板或创业板）应满足的条件如下：

1. S股主板上市条件

（1）营运记录。分有和没有两种情况：①须具备3年业务记录，发行人最近3年主要业务和管理层没有发生重大变化，实际控制人没有发生变更；②没有营业记录的企业必须证明有能力取得资金进行项目与产品开发，且该项目或产品必须已进行充分研发。

（2）盈利要求。符合以下3项条件之一：①过去3年的税前利润累计为740万新加坡元，每年至少100万新加坡元；②过去1至2年的税前利润累计为1000万新加坡元；③过去3年中任何一年税前利润不少于2000万新加坡元，且有形资产价值不少于5000万新加坡元。（特殊情况下或无盈利要求）

（3）会计准则。新加坡或国际或美国公认的会计准则。

（4）最低市值。不得低于8000万新加坡元。（特殊情况下或无市值要求）

（5）最低公众持股量。至少1000名股东持有企业股份的25%，如果市值大于3亿新加坡元，股东的持股比例可降低至10%。

（6）证券市场监管。①如果企业计划向公众募股，该企业必须向社会公布招股说明书；②如果企业已经拥有足够的合适股东，且有足够的资本，无须向公众募股，该企业必须准备一份与招股说明书类似的通告交给新交所，以备公众查询。

（7）企业注册和业务地点。自由选择注册地点，无须在新加坡有实质的业务运营。

2. S股创业板上市条件

（1）营运记录。①有3年或以上连续、活跃的经营记录；②所持业务在新加坡的企业，须有两名独立董事。

（2）盈利要求。并不要求一定有盈利，但会计师报告不能有重大保留意见，有效期为6个月。

（3）会计准则。无。

（4）最低市值。无具体要求。

（5）最低公众持股量。公众持股至少为50万股或者发行缴足股本的15%（以高者为准），至少500个公众股东。

（6）证券市场监管。全面信息披露，买卖风险自担。

（7）企业注册和业务地点。分为在和不在两种情况：①所持业务在新加坡的企业，须有两名独立董事；②所持业务不在新加坡的企业，须有两名常驻新加坡的独立董事，一位全职在新加坡的执行董事，并且每季开一次会议。

↘ 间接境外上市

境外间接上市的核心是需要一个境外的“壳”公司，通过将境内资产及业务注入“壳”公司的方式，达到内地资产境外上市的目的。“壳”产生的方式有3种，即自已造、花钱买和向人借。

造壳上市

造壳上市是指境内企业股东在境外“离岸中心”（如英属维尔京群岛（BVI）、开曼群岛、巴哈马群岛、百慕大群岛等地）注册一家“离岸公司”，以现金收购或股份置换的方式取得境内企业资产的控制权，再在境外以IPO的方式挂牌上市。

甲公司是内地某民营化工企业，有3个自然人股东张三、李四和王五，出资比例分别为 5 ∶ 3 ∶ 2。该公司想通过造“壳”的方式在境外上市，操作过程如图 20-1 所示。

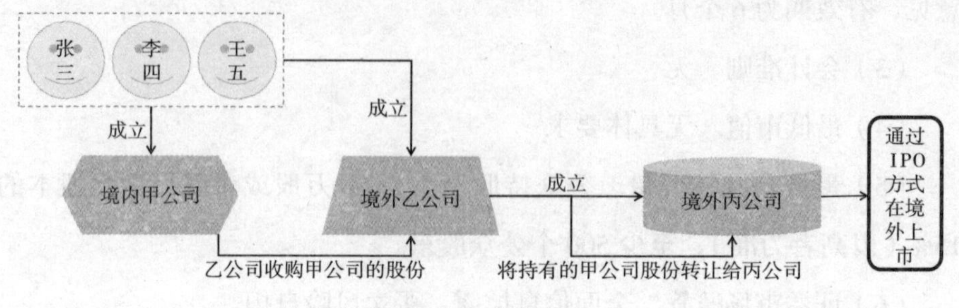

图20-1 造壳上市

（1）张三、李四、王五 3 人按照在内地甲公司的出资比例在英属维尔京群岛（BVI）设立乙公司。

（2）由境外乙公司与境内甲公司的股东张三、李四、王五进行股权转让，收购 3 人拥有的甲公司股权，则甲公司变为乙公司的全资子公司，甲公司的所有运作基本完全转移到乙公司。与此相关的甲公司的业绩、资产及负债即可包括在乙公司的合并报表中。

（3）乙公司在开曼群岛注册成立另一家“离岸公司”——丙公司，作为日后在目标证券市场挂牌上市的公司。

（4）乙公司将其拥有的甲公司的全部股权转让给丙公司，由丙公司通过 IPO 方式挂牌上市。

买壳上市

买壳上市又称“反向收购”，是指一家非上市企业（买壳公司）通过收购一些业绩较差、筹资能力已经相对弱化的上市企业（壳公司），然后通过反向收购的方式注入自有业务与资产，实现在境外间接上市的目的。通过这种方式上市的理论成功率为 100%，因为收购的是已上市企业。其操作分 3 步：

步骤1——买壳公司与一家已上市的壳公司议定有关反向收购的条件。

步骤2——壳公司向买壳公司增发股票。

步骤3——买壳公司的资产注入壳公司，买壳公司成为壳公司的子公司，但买壳公司的股东是壳公司事实上的控股股东。

买壳上市的优点：可以用很低的成本在短时间内百分之百实现上市，避免了直接上市的繁杂审批程序、高昂费用与不确定性的风险。

买壳上市的缺点：因为壳公司基本都处于利润极少、零利润，甚至停工状态，只剩下公司架构和上市资格最具吸引力。如果说壳公司只存在负债且几乎没有资产已算是勉强令人满意的情况，若是再存在诉讼问题或其他如不良经营记录等历史遗留问题则更为糟糕。因此，选择壳公司一定要慎之又慎，避免因急于上市而买到烫手的山芋。理想的壳公司应具有以下特点：

（1）股价不高、规模不大，有利于把购壳费用降到最低。

（2）原股东人数适当。股东太少，不值得公开交易；股东太多，会增加额外费用支出。

（3）最好是零负债，即便有也要在可控范围内。

（4）业务与拟买壳企业的主营上市业务接近，结构相对简单。

（5）不应涉及任何既有、现有、或有法律诉讼。

（6）不应有任何经营、法律、财务上的历史污点。

借壳上市

借壳上市是指未上市企业的母公司通过将主要资产注入已上市公司的子公司中，实现未上市企业的母公司借壳上市。其具体实施方式可分为3种：

（1）直接操作：境内企业已有分支机构在境外上市。

（2）顺序操作：境内企业的境外的分支机构没有上市的，可通过业务、股权的整合使其在境外上市后，母公司再注入资产实现借壳。

（3）切割操作：境内企业没有境外分支机构，可先剥离一块优质资产在境外以适合的方式上市，然后将集团公司的其他项目注入境外上市企业中去实现借壳。

借壳上市和买壳上市的共同之处：对上市企业的“壳”资源进行重新配置，实现间接上市。

借壳上市和买壳上市的不同之处：买壳上市涉及的企业合并，往往属于同一控制下的企业合并；借壳上市涉及的企业合并，除“母”借“子”壳整体上市等形式外，通常属于非同一控制下的企业合并，被选为壳公司的上市企业与欲借壳上市的企业之间进行的权益互换不受同一方或相同的多方最终控制。

SPAC 模式

SPAC（Special Purpose Acquisition Company，特殊目的收购公司）是一种为企业上市服务的金融工具。最早发源于加拿大和澳大利亚的矿业企业，后在美国和英国取得了真正意义上的成功。

SPAC 模式需要自己造壳，即由共同基金、对冲基金等募集资金组建的具有特殊目的、只有现金、没有实业和资产的“空壳公司”。发起人将这个“空壳公司”在纳斯达克或纽交所上市，发行普通股与认股期权组合，以投资单元形式向市场投资者募集资金（一个投资单元包含多少普通股与认股期权由 SPAC 自定），所募集资金会 100% 存放于托管账户进行固定收益证券的投资。SPAC（空壳公司）上市后的唯一任务就是寻找一家有着高成长发展前景的非上市公司，与其合并，使其获得融资并上市。如果 24 个月内没有完成并购，那么 SPAC 就将面临清盘，将所有托管账户内的资金附带利息 100% 归还给投资者。

2020 年 7 月，美国对冲基金大鳄、潘兴广场资本管理公司创始人比尔·阿克曼发起的 SPAC 公司 PSTH 在纽交所成功上市，募集了 40 亿美元，这是美国 SPAC 中规模最大的一支。不过，PSTH 在问世两年的投资期内始终未能完成交易。2022 年 7 月，比尔 · 阿克曼发出致股东信，正式宣布将史上规模最大的 SPAC 清盘。

过去两年是美股 SPAC 的黄金时代，大约有超过 850 家 SPAC 企业，筹集了约 2500 亿美元。

由于高通胀促使美联储逐渐收紧货币政策，美国股市 2022 年上半年表现惨淡。道琼斯工业平均指数累计下跌 15%，标普 500 指数累计下跌超过 20%，纳斯达克综合指数累计下跌近 30%。通过 SPAC 合并上市的企业，跌幅更是严重，此前最受追捧的电动汽车企业成为领跌者，由 25 家 SPAC 合并上市的企业组成的 De-SPAC 指数，已经暴跌近 70%。

在这背后除了股市大环境的因素，还有一个重要原因：很多 SPAC 合并上市企业的业绩未达到承诺预期。主要是相关负责人利用了“避风港原则”，先对企业预期做出乐观估计，即便未达到目标也不用承担相关法律责任。

为保护 SPAC 投资者的利益，2022 年 3 月底，美国证券交易委员会（SEC）出台了一项针对 SPAC 的监管草案，旨在强化 SPAC 企业的信息披露水准，遏制 SPAC 业态所存在的信息不对称、证券欺诈、利益冲突等问题。

面对监管的层层加码，SPAC 市场开始降温。华尔街投资巨头们暂缓了 SPAC 上市业务。但只是暂缓，待经济形势好转后，对上市目标企业、背后股东、企业创始人三方都有利的 SPAC 仍然会卷土重来。

现金流所剩无几的法拉利未来（FF），通过合并交易募集了约 10 亿美元现金，包括 PSAC（Property Solutions Acquisition Corp，特殊目的收购公司）以信托形式持有的 2.3 亿美元现金，以及以每股 10 美元价格超额认购的 7.75 亿美元普通股 PIPE。这些资金为 FF 扩建工厂、向市场交付车辆提供了资金支持。

2021 年 7 月，Lucid 通过 SPAC 方式与 CCIV 合并，在纳斯达克上市。

沙特主权财富基金（PIF）通过关联企业 Ayar 持有 Lucid 62.72%的普通股，预计将帮助 PIF 获得近 200 亿美元的回报。

2021 年 3 月，英国电动汽车制造商 Arrival 通过 SPAC 合并上市。上市伊始 Arrival 的市值迅速升至超过 130 亿美元，创始人丹尼斯・斯维尔德洛夫因持有 Arrival 约 75% 的股份，身价一度达到 117 亿美元。

经济是螺旋上升的，总会有高有低，但整体是一直在走高的。美国作为 SPAC 模式的先行者，率先经历了高峰，也率先迈入低谷。但对于创始和投资各方皆有好处的 SPAC 注定不会只刮起一场旋风就落幕，它在未来还会在资本浪潮中占有重要的一席之地。

SPAC 在美国迅猛发展，新加坡和中国香港也相继引入 SPAC 上市机制。2021 年 9 月 2 日，新加坡交易所公布了特殊目的收购公司（SPAC）主板上市框架。2 周后，香港联交所发布了《有关收购特殊目的公司咨询文件》。以下对比中国企业普遍关注的联交所、新交所与美国股票交易所的 SPAC 规则（见表 20-1）。

表 20-1　联交所、新交所、纽交所、纳斯达克SPAC规则对比

	联交所（HKEX）	新交所（SGX）	纽交所（NYSE）	纳斯达克全球市场（NCM）	纳斯达克资本市场（NCM）
最低募资规模	10亿港元以上	未要求，但SPAC市值须大于1.5亿新元	未要求，但SPAC市值须大于1亿美元	未要求，但SPAC市值须大于7500万美元	未要求，但SPAC市值须大于5000万美元
发起人资格	须符合适合性及资格，至少一名SPAC发起人为证监会持牌公司	考虑发起人的往绩记录和声誉及其管理团队的经验和专业知识	考虑发起人经验及往绩记录	未要求	未要求

续表

	联交所（HKEX）	新交所（SGX）	纽交所（NYSE）	纳斯达克全球市场（NCM）	纳斯达克资本市场（NCM）
投资者资格	仅限专业投资者	未要求			
最低公众持股人数	继受企业须至少有100名股东	至少25%已发行股份由至少300名公众股东持有	400人	400人	300人
最低每股/单位价格	10港元	5新元	4美元（通常SPAC以每单位10美元上市发行）		
同股不同权问题	无相关规定	不允许	无相关规定，但通常会分为发起人股与投资者股两类		
发起人最低投资份额	至少一名发起人认购至少10%的股权份额	根据SPAC市值，份额可为2.5%～3.5%	无相关规定		
发起人奖股上限	10%	20%	无相关规定		
IPO到完成并购的时间	36个月，最多可延长6个月	24个月，最多可延长12个月	36个月，但一般约定在18～24个月完成并购交易（De-SPAC）		
存放在受托账户中募集资金最低比例	100%	90%	90%，但市场惯例为100%		
并购交易审批标准	继受企业须符合相关交易所关于IPO的规定				
并购交易的股东会批准条件	须过半数SPAC股东赞成，但不包括发起人及其他拥有重大权益的股东	须过半数SPAC股东赞成，并受限于公司章程			
PIPE（上市后私人股权投资）规定	独立第三方投资须占继受企业预期市值的至少7.5%～25%	无相关规定			

续表

	联交所（HKEX）	新交所（SGX）	纽交所（NYSE）	纳斯达克全球市场（NCM）	纳斯达克资本市场（NCM）
权证摊薄限制	SPAC发行权证总数不得令行使后所发行股份数超过该等权证发行时已发行股份（包括发起人股份）数的50%	首次公开发售发行的权证产生的摊薄影响不得多于50%	无相关规定		
赎回权	全体股东享有	仅限独立股东享有	全体股东享有，但一般发起人会承诺放弃赎回权		
大股东锁定期	12个月	6个月，在减持50%后，剩余的50%还有6个月的锁定期	无相关规定，市场惯例为完成并购后的6～12个月		

注 1：新交所规定，如果创始股东及 / 或管理团队的情况有重大改变而可能对业务合并成功与否造成关键影响，则有关变动须先获得独立股东通过特别决议批准，SPAC 才可继续上市，否则 SPAC 必须清盘。

注 2：继受企业是合并后企业。

注 3：PIPE 是私人股权投资已上市企业，在 SPAC 与标的企业合并时如果资金不足，可以引入私募，由一笔或多笔私募满足企业并购的要求。

注 4：港交所要求 PIPE 投资至少要有 50% 来自至少 3 家机构的投资者，三者的资产管理总值须分别至少达 80 亿港元。